目次

序章　民主主義と〝格闘〟しよう

◇民主主義の本質を考えよう

２０１５年６月、改正公職選挙法が成立し、それまで「20歳以上」とされていた選挙権が、「18歳以上」へと引き下げられることになりました。

選挙権年齢の変更は、１９４５年に「25歳以上の男子」から「20歳以上の**男女**」となって以来、実に70年ぶり。これにより、２０１６年の参議院選挙を皮切りに、国政選挙・地方選挙の投票が18歳からできるようになります。

早速、書店には解説本が並び始めました。アイドルと政治家の対談本や、図解入りのQ&Aなど、若者向けに書かれたものもあれば、「学校で政治・選挙をどう教えるか」という教員向けに書かれたものもあります。また、総務省と文部科学省が連携し、高校生向けの副教材として作成した『私たちが拓く日本の未来』という小冊子が、総務省のホームページで公開されています。

これから新しく有権者となる人たちが、政治・選挙・投票に関する正確な知識を手に入れるためには、こうした解説本や教材が大いに役立つことでしょう。

本書も、新しく有権者となる人たちに向けて書いていますが、「投票に今すぐ役立つ知識やノウハウ」を提供するものではありません。これ一冊でまるわかり！というわけにはいきませんし、本書の言葉や文章を暗記しても、直接役立つことはないでしょう。

本書は、**有権者としての、ものの見方・考え方、民主主義の本質について、じっ**

くりと考えてもらうことを目的としています。

本書を通じて、「民主主義とは、どのような考え方・制度なのか。有権者として自分はどう行動すべきなのか」を、日々の暮らしの中で考え続けてほしいのです。何の疑問も持たず、民主主義・民主政治を〝よいもの〟として受け入れるのではなく、本当によいものかどうか、どこがよくて、どこがダメなのか、なぜダメなのか、民主主義と〝格闘〟してほしいのです。

◇考え、悩みながら身につける投票心得

本書のタイトルは〝18歳からの〟となっていますが、選挙権を手にする18歳よりも、17歳あるいは高校生になったらすぐにでも読んでほしい内容です。考え、悩む時間が多ければ多いほど、政治・選挙に対する意識が強まり、行動に結びつ

きます。1～2年間は本書と〝格闘〟し、じっくりと考え、悩んだうえで、投票に臨んでほしいのです。

私が高校生の頃は、私自身も周りの友人も、政治には全く興味がなく、「政策」という言葉すら、一度も口にしたことがなかったと思います。新聞も、読むのはテレビ欄（らん）と四コマ漫画くらいでした（それは私だけかもしれませんが）。

高校生の私にとって、「民主主義」「基本的人権」「憲法」「尾崎行雄と普通選挙運動」などは、教科書に出てくる〝単語〟であり、テストに必要な〝点数〟でしかありませんでした。

20歳になって選挙権を手にしても、政治への関心がなく、「一票の意味」を考えたこともなかった私は、最初の選挙は投票に行きませんでした。2度目の選挙では、なんとなく〝大人のイベント〟として面白半分に投票に行ったのを覚えています。もちろん、どの政党の、誰に、どういう理由で投票したかは全く記憶にありません。

私が「民主主義と格闘する」きっかけとなったのは、友人が貸してくれた一冊の本でした。それは有名人が書いたものでも、名著と呼ばれるものでもなく、とても基礎的な政治の本でした。

友人とその内容について深夜まで議論しました。政治とは、政策とは、民主主義とは――。自分の中で何度も葛藤（かっとう）しながら1年が過ぎ、3度目の選挙を迎えたとき、私は自分自身の「政治的意思」＝政治・政策への考え＝未来への展望を持って投票に行くことができました。

選挙権を手にしたら、自動的に政治への関心や理解が深まるわけではありません。また、投票にさえ行けばよいというものでもありません。かつての私のように、何も考えず、一票の意味も知らず、面白半分で行くことが、本当に「投票」と呼べるでしょうか。

「投票する」ということは、「政治・政策を考える」ということであり、「自分たちの未来を考える」ということ。選挙権をこれから持つ人も、もう持っている人も、本書を通じて政治と向き合い、民主主義と格闘しながら、**投票は自分たちの未来をつくるための行動だ**ということを実感してもらえれば幸いです。

一度読んで「なるほど！」と思ったら、二度目は「本当にそうなんだろうか？」と批判を込めて読んで下さい。そして、何度か読み返し、考え、悩みながら、最終的に「自分はこう考える！　だから、こうする！」という**あなた自身の「投票心得」を持って下さい。**

◇今だからこそ輝きを増す尾崎行雄の言葉

本書は、第1章で、選挙・政党・議会の役割、本来のあるべき姿について述べ、

第2章で、民主主義・立憲主義という原理原則について述べています。とても基本的なことを書いているので、読んでいて「そんなの当たり前だ」と感じるかもしれません。その「当たり前」を、もう一度丁寧に見つめ直し、深く掘り下げ、自分自身に当てはめて考えてほしいのです。

第3章で、尾崎行雄の信念や目指したものについて述べ、第4章・5章は、その尾崎自身が説いた投票心得と議員資格についてまとめています。第6章は、有権者として政治・政策を判断する際、つまり投票する際に必ず意識しておかなければならないメディアの問題――「メディアとの賢い付き合い方」について述べています。

本書は、ほぼ全編にわたって、「憲政の父」と呼ばれた尾崎行雄の言葉や考え方が出てきます。尾崎は、明治・大正・昭和の激動期、日本に真の民主政治を打ち立てようと、命をかけて取り組んだ政治家です。

尾崎は、1890年の第1回衆議院議員総選挙から連続当選25回、勤続年数60年以上という議会史上の最高記録を持った国会議員です。そのため、尾崎の主張も、また、本書で取り上げる民主主義、選挙、議会も、国政に関するものが中心となっています。

国政と地方政治とでは、制度も、取り扱う課題も異なります。ただ、有権者としての基本的な姿勢（＝政治とどう向き合うか）、民主主義の本質を考えるという点では、国政も地方政治も同じです。

「憲政の父」「議会政治の父」として語り継がれる尾崎行雄の言葉・信念・生き方は、没後60年以上を経た今も、決して輝きを失っていません。むしろ、戦後70年を経て、改めて憲法や民主主義のあり方が問われている今だからこそ、輝きを増していると言えます。

尾崎の考えや言説に触れながら、今の有権者と政治家のあり方、民主主義のあり方について、一緒に考えていきましょう。

※本書で取り上げた尾崎行雄の言葉は、尾崎の著作から引用したものですが、分かりやすくするため、現代仮名遣いにするとともに、筆者が加筆・編集しています。

第1章　選挙・政党・議会

◇選挙は誰のため？

民主政治は、最終的には議会（立法府）ですべての法律を決定します。議会で決定された法律に、国民は従わなければなりません。議会で仮に、国民の生命・自由・財産を不当に奪うような法律が決定されたら、国民は間違いなく不幸になります。

つまり、国民を幸福にするか不幸にするかの鍵を握っているのは、その議会で法案を審議・決定する政治家（国会議員）であり、それを選ぶ有権者の「一票」

だと言えます。

尾崎行雄は、**「この一票こそ、人間の生命・財産その他の権利・自由を確保する最後唯一の自衛権である」**とまで述べています。

選挙は誰のために行うのか。全有権者に平等に与えられたこの「一票」は誰のためにあるのか――それは、有権者自身、国民自身のためにあることは言うまでもありません。

しかし、毎回行われている選挙の光景を思い浮かべてみて下さい。駅前や商店街で「○○党の○○でございます。今回の選挙、何がなんでも勝たせて下さい！」と、道行く人に頭を下げ、お願いする候補者。それに対して、シラけた顔で足早に立ち去ろうとする、お願いされることに慣れてしまった有権者。

まるで、選挙の主役は候補者で、有権者は観客もしくは傍観者であるかのような姿勢――これが多くの選挙の実態ではないでしょうか。

自分たちの生命・自由・財産、そして国の未来を左右する代表者を、自分たちの手で選ぶ――選挙の主役は自分たち、有権者です。

候補者やその関係者に「頼まれたから」、「しがらみがあるから」、「まあ何となく」一票を投じてよいはずがありません。

尾崎行雄は、次のように述べています。

「選挙は候補者のためにするものと心得ている有権者がたくさんあるようだ。候補者のための選挙だと思えばこそ、頼まれたから、金をくれたから、義理（ぎり）があるから一票を入れてやるという気にもなる。それは逆だ！　頼まれたから入れるのではない、こちらから頼んで出てもらうのだ。候補者から金をもらうどころか、選挙の費用は頼む側の有権者のほうで持ち寄るぐらいしなければ、信用のおける番人は出てくれない。」

◇選挙は民主政治の「土台」

選挙は、有権者の政治的意思を示す場です。どの政党、どの候補者に一票を投じるかを考えることは、同時に、**自分自身がこの国・社会をどうしたいかを考えること**でもあります。「自分自身で、よく考える」――民主政治の最初の作業です。

ここをしっかりやっておかないと、選挙に対しても、その後の政治（決定のプロセスや内容）に対しても当事者意識が持てなくなります。「どこかで誰かがやってくれる」という「他人任せ」、さらには「政治は、偉い政治家がやってくれる」という「お上任せ」――これは民主政治ではありません。

尾崎行雄は、有権者のあり方について、「力ではなく、道理を愛せ」と説いています。「力」とは、権力・腕力・金力・数の力を指します。それに対して「道理」とは、「物事の正しい筋道＝正論」のことです。

有権者が「力」を愛せば、「金や数の力」に基づく政治が行われ、有権者が「道理」を愛せば、「正しい筋道」に基づく政治が行われるというわけです。

尾崎は、次のように述べています。

「『道理はあっても少数ではだめだ』『金がなくてはだめだ』『政権を得なければだめだ』『自分の地方さえよくなればよい』『国の財政・経済がどうであろうと、無理にでも早く鉄道を引いてほしい。学校を建ててほしい。道路・港湾を整備してほしい』『議会で無理を押し通す力のある多数党に投票しなければならない』――これが多くの有権者の投票心理のようだ。国全体の都合を考えず、各地方が競って国費を要求すれば、最終的には増税を招いて自分の負担が重くなる。この明白な道理をわきまえた有権者なら、決して自らの首を絞めるような投票はしない。」

これは、90年前に尾崎が述べたものです。当時の政治のあり方、有権者の投票行動を批判したものですが、まるで今の政治に向けられた言葉のようにも思えます。

尾崎は、地元への利益誘導（政治家が自分への支持の見返りとして地元に利益をもたらすこと）を全くしませんでした。地元からいろいろと要求があっても、「地元の振興は、地元の議員（地方議会議員）の仕事だ」と言って、突っぱねていました。

また、国会議員として国政に奔走する尾崎は、選挙期間中であっても、地元に戻ることは困難でした。地元の支援者がせっかく演説会に行っても、尾崎の演説が録音されたレコードが回っているだけ、ということもしばしばあったようです。

そんな尾崎ですが、結果として、連続当選25回という偉業を成し遂げます。これは、尾崎自身が政治・選挙のあり方に対して信念を持っていただけでなく、そうした信念・行動を支え続けた有権者がいたからこそ、できたことです。つまり、**有権者が成し遂げた偉業**とも言えるのです。

民主政治では、良くも悪くも、選ばれた政治家は、選んだ有権者の「写し鏡」です。有権者が、数の力、金の力、無理を押し通す権力に信頼を寄せるなら、おのずと政治家も政党もその力を愛し、「力による政治」が行われるようになるでしょう。

逆に、有権者が、正しい道＝「道理」を愛し、不正や横暴（おうぼう）を憎（にく）めば、政治家も政党も、そのように行動せざるを得なくなります。

尾崎は、次のように述べています。

「川上を濁（にご）しておいて、下流を清く保つことはできない。川上の選挙が濁れば、川下の政治も濁るのが当たり前である。腐（くさ）った水にボウフラがわくように、腐った選挙からは堕落（だらく）・腐敗（ふはい）した政治のボウフラがわく。日本民主化の大建築は、正しい選挙の土台の上に建てなければならない。」

◇政党の役割は？

議員は、有権者の代表であり、その一人一人が重要であることは言うまでもありませんが、議員が個人としてできることには限界があります。実際に政策を実現するためには、それなりの組織＝政党が必要になってきます。

選挙の際に、候補者は「○○党公認の、○○でございます！」と、政党の存在を前面に出します。もちろん、意図的に出さない場合もありますし、政党に属さない「無所属」の候補者もいます。また、政党よりも議員個人を重視するという有権者もいるでしょう。

ただ、どの政党が、何を目指し、どういう政策を掲げ、どのような候補者を立てているのか——そうした政党の主張や動向を、多くの有権者が選挙の際に参考にしているのではないでしょうか。

そもそも政党とは、同じ政治目的を持った人たちが、綱領（こうりょう）や政策を掲げ、その実現に向けて、政権（あるいは一定の政治権力）の獲得を目指す集団のことです。

そして、議会で多数を占（し）めた政党が政権を担う（＝内閣を組織する）政治を、「政党政治」と呼びます。民主政治は、一般に、この政党政治の形で進められます。

政党には、国民の様々な意見や要求を集約し、また、国民が気付かない課題を掘り越こして、それらを政策としてまとめ上げる役割があります。その政策を国民に提示し、選挙で支持を得て議席を確保し、議会を通じて実現していく、という流れです。

尾崎行雄は、民主政治の確立に向けて、有権者の政治・選挙に対する意識や行動の重要性を説くと同時に、政党の重要性についても説き続けました。

藩閥（はんばつ）政治（＝特定の藩の出身者が権力を独り占めにした政治）が続いたのも、官僚（かんりょう）や軍部が権力を握り、戦争・敗戦の道へと突き進んだのも、原因はすべて政党の無力さ、本来の政党としての役割を果たさなかったことだと述べています。

「私は過去70年にわたり、本当の政党をつくろうと骨を折ってみたが、どうしてもだめだった。利害や感情で結ばれる親分子分の関係と同じ『私党（しとう）』はできても、**主義・政策によって結ばれ、国家・国民のために行動する『公党（こうとう）』はできなかった。**

それは、『力』をめぐって、集まったり離れたりする感情はあっても、『道理』をめぐって集まったり離れたりする理性がなかったからだ。」

◇真の政党─「私党」から「公党」へ

尾崎行雄の歩み、民権闘争70年は、まさにこの「主義・政策によって結ばれ、国家・国民のために行動する公党」の確立に向けた闘いであったとも言えます。

尾崎自身は、何度も政党を出たり入ったり、また、つくったり解散したりしています。それは、自分の都合や利害で行ったわけではなく、国家・国民のために政策を実現しようとする政党の本来の姿を追い求めた結果でした。

尾崎は、今から約90年前、当時の政党のあり方について、次の四つの問題点を指摘しています。

●主義・政策を重視していないこと。
●過去のしがらみや、利害・感情で結びついていること。
●「政策」ではなく「力」の競争をすることにより、本来の目的（国家・国民のための政策実現）を忘れていること。
●「道理」を軽視し、正義の観念に乏（とぼ）しいこと。

数の力、金の力を重んじ、自らの利害や感情で行動する「私党」ではだめだ。主義・政策を重んじ、何が正しい筋道かを考えながら、国家・国民のために行動する「公党」へと変わらなければならない――90年前の尾崎の政党観です。

では、90年を経た今の日本の政党はどうでしょうか。法律や制度が整えられ、政党を取り巻く環境もずいぶん変化する中で、大きく改善・進歩した点もあるでしょう。しかし、尾崎の指摘が、多少でも当てはまるところがあるならば（すべて当てはまると考える人もいるかもしれませんが）、より良い形にしていく必要があります。

尾崎は、亡くなる4年前（1950年）、次の短歌を詠んでいます。

国よりも
党を重んじ
党よりも
身を重んじる
人の群れかな

「力」ではなく「政策」で競い合い、自分のためではなく国家・国民のために行動する政党（＝公党）をつくるためには、どうしたらよいでしょうか。もちろん政治家の自覚も必要ですが、それ以上に、有権者の自覚が必要です。

新たな政党がつくられては消え、消えてはつくられての繰り返し。政党同士がくっついたり、離れたり。いくつもの政党を渡り歩く議員もいます。もちろんそれらすべてが悪いと言うつもりはありません。

問題は、離合集散（集まったり離れたり）する政党・政治家が、何を目指し、どういう動機で動いているか、ということです。

そこに公党としての自覚、国家・国民のためという信念があるかどうか――有権者が厳しくチェックし、選挙で意思表示していくことで、政党は、より健全なものになっていくでしょう。

◇議会の役割は？

選挙で選ばれた代表者が、法律・条例・予算などを議論し、決定していく場が議会です。国の場合は、国会（立法府）で法律や予算が議論され、決定されます。地方の場合は、都道府県議会・市町村議会で条例や予算が議論され、決定されます。

このように、国でも地方でも、議会には**「議論」**と**「決定」**という二つの役割があります。

また、「どの議員が、どういう理由で、どんな問題を取り上げるのか。何が原因で問題が起き、どういった解決策が可能なのか。そこにどういった争点（異なる意見や利害の対立）があるのか」について、国民が知ることができます。その意味では、**「情報公開」**の役割もあると言えます。

民主主義の本質は、自分たちのことについて、まずは自分自身でよく考え、み

んなで意見を出し合い、よく話し合う（議論する）ことです。それをしっかりと行ったうえで、最後に多数決で決めます。

議会は、民主主義の象徴であり、民主政治に欠かせない機関です。最終的には多数決ですべてを決めますが、そこにいたるまでの**「議論」（民主主義の本質部分）**に重点が置かれなければなりません。

尾崎行雄は、約１００年前、当時の議会について次のように述べています。

「議会は『言論の府』であり、最も大切にすべきは議論である。しかし、今の議会は言論を軽視し、本来は何日もかけて議論すべき大問題も、数時間で終えてしまう。議論が全く尽くされないまま『討論終結！』の声が議場に起こり、賛否（さんぴ）の決定が下される。これでは、議論するための『議事堂』ではなく、ただ決めるためだけの『表決堂』だ！」

議論する前から、議会の勢力（議席数）によって法案の可否がすでに決まっていて、実質的な議論が行われない当時の議会を、尾崎は厳しく批判しています。

それでもこの時代は1~2時間の質問はざらであり、審議時間は今よりもはるかに長かったようです。尾崎のこの批判は、当時よりも、むしろ今に当てはまるかもしれません。

◇議会の本質―「熟議(じゅくぎ)の場」

尾崎は、議会は「熟談協議(じゅくだんきょうぎ)」をするところ、つまり**「熟議の場」**であると言います。

熟議とは、文字通り「熟慮(じゅくりょ)し、議論すること」です。そこで大切なことは、**議論を通じて互いの意見や判断が変わっていく可能性がある**ということです。相手を一方的に批判したり、論破したりするのではなく、合意に向けて知恵を出し合う姿勢が求められます。

尾崎は、次のように指摘しています。

「議会は何のためにあるのか。それは選ばれた代表が、思う存分に議論し、何者にも縛（しば）られない完全に自由な良心で議案の是非善悪（ぜひぜんあく）を判断する。その結果、多数の賛成を得た意見を取り上げて、民意を政治に反映させるためだ。」

多数決は結果です。大切なのは、そこにいたるまでに、自由な議論・熟議がなされているかどうか。各議員が、自分の良心に基づいて、党派を超えて自由に議論し決断する――結果として、少数党の意見が多数党に受け入れられることも当然あり得るわけです。

少数党の言い分でも、正しければ多数の賛成を得て可決され、逆に、多数党から出た議案でも、議場での議論において多数の良心を引き寄せることができなければ否決される――これが議会の本質だと尾崎は言います。

また、そうした熟議を行うべき議会において、ふさわしくない議員の言動も指摘しています。

「質問に名を借りて、政府に難問を突きつけたり、喧嘩をしかけたり、声を張り上げたり、机をたたいて大臣席をにらみつけたり――昔と全く進歩していない。議会は、いかなる場合でも、熟議の精神で進めるべきだ。特に国が生きるか死ぬかの瀬戸際の時には、より一層この精神が必要だ。」

今の議会はどうでしょうか。大半の議員は、課題をきちんと調査し、整理したうえで議会に臨み、国・社会・地域がより良い方向に向かうための具体的な提案や鋭い意見を出し合っていることと思います（そうあってほしいです）。

しかし、中には、過激な言葉で一方的に相手を批判したり、キャッチフレーズを多用して相手のイメージを悪くしようとしたり、特定の支持者やテレビを意識したパフォーマンスに終始したりする議員がいることも事実でしょう。

居眠りをしたり、発言者の声をさえぎるほどの大声で下品なヤジを飛ばしてみたり…。また、めったにありませんが、たまに、取っ組み合ったり、はがいじめにしたり…。

尾崎は、戦後に開かれた国会の現状について、次のような短歌を詠んでいます。

国のため
懇談熟議（こんだんじゅくぎ）
すべき場所
動物園と
なりにけるかも

有権者は、単に決定された内容（法律や予算や条例など）に対してだけでなく、そこにいたるまでに、どういった議論が行われたかを見ていく必要があります。

議会において、どの議員が、どういう理由で、どういう主張をし、何が対立しているのか。真面目に冷静に十分に議論が尽くされたかどうか——有権者が次に投票する際の判断材料の一つになるでしょう。

政党が「数」ではなく「政策」で競い合い、議会が「形だけ」ではなく「議論・熟議の場」となるめには、口先で単に批判するだけでは何も変わりません。あるいはテレビや新聞などで示される政治批判に「そうだそうだ！」と言うだけでも意味がありません。

政治・政策、そして政党と議会のあり方に対する評価は、有権者として、きちんと**投票行動で示していかなければなりません**。

そこには、**有権者が自分たちの手で、より良い政党、より良い政治家を「育て上げる」という自覚と責任感**が求められます。民主政治は、どこまでも有権者が主役であり、責任者なのです。

第2章　民主主義と立憲主義

◇民主主義って何？

「民主主義」という言葉自体は、社会や歴史の教科書で見たことがあると思います。また、テレビのニュース番組などで、「○○の国で民主化運動が盛り上がり…」とか、「今まさに、この国の民主主義が問われています！」といったセリフを聴くこともあるでしょう。あるいは、日頃の生活の中でも「話し合いをもっと民主的に進めようよ！」というふうに使っているかもしれません。

そもそも、民主主義とは何でしょうか？

学問的な定義は横に置いておきましょう。民主主義の根本的な考え方は、実はとてもシンプルです。

民主主義は、**「自分たちのことは、自分たちでよく話し合い、自分たちで決める」**ということです。

自分たちのことを、他の人に任せ、知らない所で勝手に決めてもらい、その決められたことに、ただただ従う、あるいは陰(かげ)で文句だけ言う――これは、民主主義とは正反対の態度です。

「自分たちのことは、自分たちでよく話し合い、自分たちで決める」。これをもう少し詳しく言うと、次のようになります。

①自分たちのことは、

②まず自分自身でよく考え、
③みんなで意見を出し合い、よく話し合ってから、
④最後は多数決で決める。

よく「民主主義とは何ですか？」という問いに、「多数決です！」と答える人がいます。間違いではありませんが、それはあくまで最後の最後、結果の部分だけ（④番だけ）をとらえたものです。

民主主義で重要なのは、実は、②と③なのです。それが民主主義の「本質」と言ってもよいでしょう。

②の「自分自身でよく考える」というのは、**自分の意思を大切にする＝自分という存在を大切にする＝自尊心（じそんしん）を持つ**ということにつながります。

どこかの偉い人に考えてもらい、その考えを無批判に受け入れることではありません。どんなに高い地位や、特別な肩書の人でも、あるいは、どんなにお金持ちでも、法の前では全く同じ、平等な存在であるという自覚が必要です。

尾崎行雄は、次のように述べています。

「総理大臣だろうが、資本家だろうが、地主だろうが、自分より上でもなく下でもない。この平等の精神があれば、自分で自分を卑しんだり、自分で自分を軽んじたりはしない。自尊心がある人は権力に屈服しない。自尊心があれば、上からの命令に、ただただ従うようなことはしない。権威を外に求めず、われの内にある権威に目覚めよ！」

自分自身でよく考える――それは、**自尊心を持ち、権威（地位や肩書など）に振り回されることなく、自分自身の意思をしっかりと持つ**、ということなのです。

③の「みんなで意見を出し合う」というのは、自分以外の意見、自分とは異なる意見にも、しっかりと耳を傾けるということ、つまり**他者を尊重する姿勢**です。

そして、「(みんなで)よく話し合う」というのは、特別な人の、特別な意見だけを取り上げるのではなく、また、多数派だけの意見を取り上げるのでもなく、**みんなが対等な立場で、平等に発言する機会を持ち、誰からも束縛を受けず、自由に議論する**ということです。

「自尊心」「他者の尊重」「自由」「平等」——これらは、民主主義を実行していくうえで最も基本となる、最も大切な考え方です。その考え方に基づいた議論や参加のプロセスがあって初めて、最後に行う「多数決」が意味を持つのです。

◇民主政治って何？

さて、これまで民主主義とはどういうものか、その本質とは何かについて考えてきました。

では、民主政治とは何でしょうか？

尾崎行雄は、次のように述べています。

「ここに立派な、哲学者のような政治家がいて、国民のための素晴らしい政治を行ったとしよう。国民のあらゆる自由と平等と生存権が保障された素晴らしい政治を。それは民主政治と言えるだろうか？　いや、言えないのだ！　それがどれほど国民に幸福を与える政治でも、**少数の支配者によって行われる政治は、民主政治ではない。**」

どんなに国民を幸せにする素晴らしい政治が行われたとしても、それが、一人の王様や、特権を持った一部の人たちによって行われたものは、民主政治ではありません。

政治というのは、国や地域の問題について、ルール（法律・条例）を決めたり、税金の使い道（予算）を決めたりします。では、誰がその政治（決定）を行うのか。

先ほど、民主主義の説明のところで、次の四つを挙げました。

①自分たちのことは、
②まず自分自身でよく考え、
③みんなで意見を出し合い、よく話し合ってから、
④最後は多数決で決める。

これを、政治のプロセスに当てはめると、次のようになります。

①国・地域の問題、つまり国民全体・住民全体に関わる問題は、
②国民・住民一人一人がよく考え、選挙で代表者を選び、
③その代表者が、国会・地方議会でよく議論し、
④最後は多数決で決める。

ここでも大切なのは、②と③です。特に②は、「選挙」のプロセスを含み、ここを間違ってしまうと、残りの③と④も台無しになります。

民主政治では、国の問題も地域の問題も、決めるのは「自分たち（国民・住民）」です。偉い王様や、地元の有力者が勝手に決めるのではありません。ただ、全員が同じ場所に集まって議論したり、決めたりするのは物理的に不可能です。

そのため、選挙権を持った有権者が、選挙によって自分たちの代表者＝政治家を選び、その代表者が議論し、決定するわけです。国の問題については国会議員を、地域の問題については知事・市長や地方議会議員を選びます。

この代表者に不適切な人を選んだり、不正な選び方をしてしまうと、そのあとにくる議論も決定内容も、不適切で不正なものになる可能性が高くなります。

それによって、苦しめられたり、不幸になったりするのは「自分たち（国民・住民）」

ですが、ではその責任が誰にあるのかと言うと、その政治家を選んだ「自分たち」です。選ばれた政治家は、選んだ有権者の「写し鏡」です。民主政治は、最初から最後まで、**選んだ有権者の責任が問われる厳しいシステム**と言えるでしょう。

前項（ぜんこう）の民主主義の説明で、「自尊心」「他者の尊重」「自由」「平等」という考え方が、民主主義の最も基本であり、最も大切なものだと述べました。

つまり、民主政治とは、国や地域のことについて、**国民一人一人が当事者としての責任感と意思を持ち、自らが正当に選んだ代表者を通じて、自由かつ平等にその政治（決定）に参加すること**です。

◇立憲（りっけん）主義って何？

「立憲主義」という言葉は、あまり聞き慣（な）れないかもしれません。少なくとも、民主主義という言葉ほどポピュラーではないでしょう。

しかし、この立憲主義は、民主主義と並んで、とても大切な考え方です。

立憲主義の「憲（けん）」という字は、憲法を意味します。憲法とは、国を統治するにあたっての基本的な考え方（原理）や仕組み、組織・権限などを定めた「国家の基本ルール」です。それに基づいて、国家機関が行使（こうし）する権力を、「国家権力」と言います。

国家権力と聞くと、何となく「怖い」というイメージを持つかもしれません。小説、ドラマ、映画などに出てくる「国家権力」は、大体が「悪」のイメージで、「国家権力に勇敢（ゆうかん）に立ち向かう主人公」が描かれる場合が多いでしょう。

確かに、**国家権力の行使（＝法律の制定・執行（しっこう））によって、国民の権利・自由を制限する**ことができます。そう聞くと「やっぱり怖い」と思うかもしれません。しかし、それが無ければ、同じく国民の権利・自由が脅（おびや）かされてしまいます。

例えば、「物を盗（ぬす）んだ者、暴力を振るった者は、罰（ばつ）として刑務所に入れる（自由を制限する）」、「脱税した者には、罰としてさらに多くの税を納めさせる（財産を制限する）」という法律を、国家権力が制定・執行しなければ、どうなるでしょうか。

そうした無法状態では、窃盗、暴行、脱税をする人の数が増え、社会の秩序が保たれなくなるでしょう。つまり、**国家権力の行使は、社会の秩序を維持するために必要不可欠である**ということです。

しかし、ここで気をつけなければならないことがあります。

国家権力を持つ者が、「自分たちのやりたいことを邪魔されたくない」「自分たちの間違いを認めたくない」「権力を手放したくない、もっと拡大したい」と思った場合にどうなるか、ということです。実際に、権力というものには、そうした欲求が生まれがちです。

自らの正当化、権力の維持・拡大のために、例えば、「政府を批判する者は、言論を封じ、拘置所に入れ（自由を奪い）、それでも反省しなければ死刑にする（生命を奪う）」という法律を制定・執行しないとも限りません。それを**「国家権力の暴走」**と呼びます。

そして、自分に都合のよい法律をいったん制定・執行する（暴走し始めてしまう）と、それを元の状態に戻すのが難しいことは、歴史が証明しています。第3章で述べる尾崎行雄の生きた時代が、まさにそうでした。

そこで必要になってくるのが「立憲主義」という考え方です。

立憲主義とは、国民一人一人の生命・自由・財産などの権利（＝基本的人権）を守るために、憲法によって国家権力を制限するという考え方です。

そもそも立憲主義が生まれた背景には、かつて絶対的な権力で人民を支配していた王様に対し、人民の権利・自由を保障する憲法を定めることによって、王様の権力を縛ったという歴史があります。

こうした歴史を見ると、**憲法は、国民の権利・自由を保障するために、国民が**

国家に守らせるルールであることがわかります。それに対して、国家が制定・執行する法律は、社会秩序を維持するために、国家が国民に守らせるルールと言えます。

国家権力を、常に「悪」と見なしたり、敵視（てきし）したりすることは賢明（けんめい）とは言えません。国家権力は社会の秩序を維持するためには必要不可欠なもの。ただし、国民を従わせる強大な力（強制力）を持っているので、国民が厳（きび）しく監視（かんし）しながら、自分たちで上手（うま）く使いこなしていくことが求められるのです。

◇立憲政治と民主政治の関係

尾崎行雄は、「憲政の父」とも呼ばれています。憲政とは、立憲政治のことです。立憲政治とは、立憲主義に基づく政治、つまり憲法に基づく政治のことです。権力者が、勝手気ままに支配する「人の支配」ではなく、「法の支配」を意味します。

前項で、憲法は国民が国家に守らせるルールであり、立憲主義は国民の人権を守るために憲法によって国家権力を制限するもの、という説明をしました。

しかし、尾崎の時代の明治憲法は、天皇が国民に与えた憲法であり、そこに定められた人権保障も、条件付きのものでした。

それでも尾崎は、国民全体が立憲主義を理解し、その精神をしっかりと持てば、明治憲法を上手く運用し、立憲政治が実現できると考えていました。

尾崎行雄は、第2次世界大戦後、明治憲法の運用の誤りについて、次のように指摘しています。

「明治憲法では、法律の範囲内でという条件付きで、かなり大幅に基本的人権を認めている。ただ、**時の政府は特権を持ち続けたい欲望にかられ、憲法で与えた権利・自由を法律で奪い取った。**治安維持（ちあんいじ）法、国家総動員（こっかそうどういん）法、戦時刑事特別法……

人民の権利・自由を圧迫する法律が続々と制定され、結局、連合国への無条件降伏の道を突き進んでしまったのである。」

立憲政治の最大の目的は、憲法で定めた基本的人権を侵害するような法律の制定・執行を防ぐことです。

では、その立憲政治と民主政治は、どのような関係にあるのでしょうか？

前に述べた通り、民主政治とは、国民一人一人が当事者としての責任感と意思を持ち、自らが正当に選んだ代表者を通じて、自由かつ平等にその政治（決定）に参加することです。

なぜ、民主政治だけではなく、立憲政治が大切なのでしょうか？　尾崎はなぜ、この両方の大切さを説き続けたのでしょうか？

それは、**民主政治は間違った決定をすることもあるから**です。

いかに国民が当事者としての責任感を持ち、いかに公明正大な選挙をし、そこで選ばれた代表者が真剣な議論を重ねたうえであっても、最終的な決定が、必ずしも憲法の定める人権を侵害（しんがい）しないものになるとは限らないのです。

例えば、多数の国民から絶大な信頼と支持を得ている政権があったとします。その政権が、選挙や国会審議などの民主的プロセスを経たうえで、最終的に多数決によって、その政権を支持しない少数派の権利を奪う（言論の自由や政治参加の機会を奪う）法律を制定・執行することも可能なわけです。

立憲政治は、たとえ多数の国民の支持や要求があっても、たとえ民主的プロセスが守られていても、憲法上、どこまでの要求なら許されるのか、どこを超えると人権侵害にあたるのかを、常に投げかけてきます。

その意味では、**立憲政治（立憲主義）と民主政治（民主主義）は緊張関係にある**とも言えます。緊張と言っても、敵対関係ではありません。ぶつかり合いながら、互いに高め合う関係です。

国民が立憲政治（立憲主義）を常に意識することで、民主政治は成長し続けていくものと言えるでしょう。

第3章　憲政の父・尾崎行雄とは

◇尾崎行雄ってどんな人？

すでにこれまでの章で、尾崎行雄の言説を取り上げてきました。では尾崎行雄とは、どんな人、何をした人でしょうか？　歴史の教科書に出てくる、あの人です。すでに学校で習った人もいるでしょう。

尾崎行雄（１８５８年―１９５４年）は、「憲政の父」あるいは「議会政治の父」と呼ばれた政治家です。１９１２年に起きた憲政擁護（けんせいようご）運動では、後に首相となる犬養毅（いぬかいつよし）とならんで「憲政の神様」とも呼ばれました。
若い頃から自由民権運動に取り組み、藩閥（はんばつ）政治（＝特定の藩の出身者が権力を独り占めにした政治）を批判。「憲法に基づく政治」「議会中心の政治」を訴え続けました。

１８８７年には、保安条例により東京退去を命じられるなどの弾圧を受けますが、１８９０年の第１回衆議院議員総選挙で当選。以後、第25回総選挙まで連続当選し、60年以上も国会議員を務めるという、議会史上の記録を打ち立てました。

憲政擁護運動、普通選挙運動、軍縮運動、第２次護憲運動で活躍し、文部大臣、司法大臣も務めました。また、衆議院議員との兼務で第２代東京市長も務め、その時にアメリカのワシントンＤＣへ贈った桜のエピソードは、今も日米両国で語り継がれています。

１９３０年代、日本で軍国主義が高まっていく中、軍縮・不戦を説く尾崎は、軍部や政府と激しく対立します。「国賊」「非国民」と罵られ、暴漢に襲われたり、命を狙われたりすることもしばしばありました。

１９４２年に行われた、いわゆる「翼賛選挙」（＝政府に反対した候補者が妨害を受けた選挙）では不敬罪に問われ、巣鴨拘置所に入れられたこともありました（第1審は有罪。その後、１９４４年に大審院で無罪判決）。

晩年は、世界平和の実現に向けた「世界連邦構想」を提唱。亡くなる前年（１９５３年）に「初落選」し、衆議院名誉議員、東京都名誉都民（いずれも第1号）となりました。翌年、「憲政の父」「議会政治の父」と惜しまれながら永眠。享年95歳でした。

◇尾崎行雄が目指したもの

明治・大正・昭和の三代にわたり国会議員として生きた尾崎行雄。

明治維新、日清・日露戦争、第1次・第2次世界大戦という激動期を生きた尾崎が、政治家として常に考えていたのが、**「国の存続・繁栄」と「国民の幸福」をいかに実現するか**ということでした。

「国の存続」とは、「国が生き残る」ことです。そんな大げさな、と思うかもしれませんが、尾崎が生きた時代は、世界的に「弱肉強食」——強い国が、弱い国の領土や利益を奪い取ることが当たり前のような時代でした。

日本が、欧米諸国のような大きくて強い国に飲み込まれないためには、どうすればよいのか。一目置かれ、対等に渡り合うためには何が必要か。そして、国が繁栄し、国民が幸福になるためには——。

尾崎が出した答えは、日本という国が、武力だけに力を注ぐのではなく、国民の自由と平等を重視し、憲法によって政治を行う文明国＝**「民主政治と立憲政治の国」になること**でした。

さらに、民主政治と立憲政治が行われれば、政治においても経済においても、国民が自分たちの力を存分に発揮（はっき）し、自由に競い合うことができる――それが国の活力・繁栄と国民の幸福につながると考えたのです。

ただし、民主政治も立憲政治も、単に「制度」だけできればよいというわけではありません。その制度をきちんと運用するための「精神」が国民に宿らなければならない。精神のないところに制度だけできたのでは、かえって政治も社会も混乱する可能性がある、と尾崎は考えました。

そして、尾崎がたどり着いた「今の日本に必要不可欠なこと」――それが**「国民一人一人に、民主主義の精神と、立憲主義の精神を根付かせること」**だったのです。

民主主義とは何か、立憲主義とは何かを、政治家と有権者の両方に厳しく問う姿勢は、若い頃から亡くなるまで、終始一貫したものでした。

◇なぜ今、尾崎行雄に注目するの？

尾崎に注目する理由は三つあります。

①「世のため、人のため」という思い

尾崎行雄は常に、国の存続・繁栄と国民の幸福のことを考え、行動しました。

国会議員なんだから当たり前だろう、と思うかもしれません。しかし、言うは易く、行うは難し。国会議員といえども、ついつい自分の利益、自分の所属する政党の利益、あるいは自分に「票」を入れてくれる地元の支援者の利益に目が行きがち

です。

また、権力を持つがゆえに、「自分に都合のよい法律をつくってやろう。自分の利益のために周りを動かしてやろう」という誘惑に駆られる機会も多くなります。残念ながら、昔も今も、その誘惑に負ける政治家が少なからずいるわけです。

尾崎は、自分や自分の党の利益ではなく、国全体の利益のために、また地元の支援者や特定の人の利益ではなく、国民全体の利益のために行動しました。もちろん、汚職事件や不正な選挙とは一切無縁で、逆に政治腐敗・金権腐敗を厳しく追及する側でした。

なぜ、尾崎に注目するのか。**自分の地位やお金のためではなく、常に「世のため、人のため」という思いで行動すること。**これは、今も昔も、国会議員に求められる資質だからです。

②現実を直視し、冷静に分析する

尾崎行雄は、「二つのフセン」と呼ばれる運動を行いました。「普選」と「不戦」――普通選挙運動と不戦・軍縮運動です。

これによって、現在も、尾崎行雄を「民主主義と平和主義の高い理想を掲げ、それを一途（いちず）に追い求めた政治家」と見なす人が多くいます。確かに、そういう面もあるのですが、正確に言うと、少し違います。そしてその違いが、とても重要なのです。

実際には、尾崎行雄は、「国民一人一人が平等に一票を持つという理想」――それを直接の理由として、普通選挙（＝選挙権の拡大）を唱えたわけではないのです。また、「武力や暴力のない平和な世界という理想」――それを直接の理由として、不戦・軍縮を唱えたわけではないのです。

尾崎が、普通選挙の実施や軍縮・不戦を唱え始めたのは、いずれも1919年以降のこと。60歳を過ぎてからです。1918年に第1次世界大戦が終結（しゅうけつ）しますが、その翌年、尾崎は戦後の欧米諸国の実情を知るため、欧米視察の旅に出ます。それが大きなきっかけとなりました。

それまでの尾崎は、「民主主義や立憲主義を理解しないまま、一般大衆が選挙権を持ってしまうと政治・社会が混乱する」と考え、選挙権の拡大に否定的でした。

しかし、1918年に国内で米騒動（こめそうどう）が起き、また、欧米で革命の機運が盛り上がるのを目の当たりにした尾崎は、「これから日本でもそうした動きがどんどん出てくるだろう。米騒動以上の暴動が起きるかもしれない」と考えるようになります。**「だったら、国民の不平不満のはけ口として選挙権を与え、政治に参加させたほうが社会が安定する」**——これが普通選挙の実施を唱えた理由です。**とても現実的です。**

また、欧米視察をするまでの尾崎は、いわゆる「強硬派（きょうこうは）」で、戦争や武力を否定するどころか、時には積極的に武力行使を奨励（しょうれい）することもありました。

しかし、その欧米視察を通じて、「世界規模の戦争は、勝っても負けても悲惨であり、多くの人が苦しむ」ことを実感します。そして、こうした戦争が起きないように、世界各国が協調し、軍備を縮小することの大切さを訴え始めます。

ただし、この国際協調と軍縮の方針は、第1次世界大戦の末期に、アメリカのウィルソン大統領が打ち出した平和原則にすでに盛り込まれています。そして、戦争終結の翌々年（1920年）には、その平和原則の提案通り、国際連盟が発足します。つまり、国際協調と軍縮の呼びかけは、すでに「世界の流れ」だったと言えます。尾崎は、そうした世界情勢を冷静に見つめていました。

「日本が世界の流れに逆行し、軍備を拡大すれば、世界を敵に回すことになる。それに、財政的にも負担が大きい」と尾崎は考えます。「世界の流れと国内の財政を考えると、日本が存続するためには、むしろ率先して軍備を縮小したほうが得策であり、国益にかなう」――これが、軍縮・不戦を唱えた理由です。とても現

実的です。

尾崎行雄は、確かに、国や国民のあるべき姿を説きましたが、それは現実を無視した、地に足のつかない理想論ではありませんでした。

そこには「国の存続・繁栄と国民の幸福」というブレない目的意識がありました。そのための手段として、国内的には民主主義と立憲主義が、対外的には軍縮が有効であるということを、**現実的な視点と経験**から導き出していたのです。

なぜ、尾崎に注目するのか。

夢や理想ばかりを語るのが政治家の役目ではありません。**国の内外の状況について、願望ではなく、現実を冷静に分析すること。目的がブレることなく、その実現に向けて、その時々で最も有効な手段を考え、実行していくこと。**これは、今も昔も、政治家に求められる資質だからです。

③民主主義と立憲主義の精神

国の存続・繁栄と国民の幸福のために、日本を民主政治と立憲政治の国にする。それには、制度だけではだめで、その精神を国民が持つことが必要不可欠だ、と考えた尾崎。

「国民一人一人に、民主主義の精神と、立憲主義の精神を根付かせること」――これが尾崎のライフワークだったと言ってもよいでしょう。政治家として民主的・立憲的行動を貫く(つらぬ)とともに、国民に向かっても演説や執筆を通じて、その根本精神を説き続けました。

ところで、尾崎が民主主義と立憲主義を主張したのは、あくまで明治憲法(大日本帝国憲法)のもとでのことです。

明治憲法は、欽定(きんてい)憲法(＝天皇が制定し、国民に与えた憲法)です。統治権(とうちけん)(主権)は天皇にあり、政治上の多くの権限が天皇に集中していました。言論の自由、結社の自由などの人権保障も定められていましたが、「法律の範囲内」という条件付きのものでした。

第２次世界大戦後に成立し、現在にいたっている日本国憲法では、国民主権と基本的人権が定められ、基本的人権は「侵すことのできない永久の権利」とされています。尾崎は戦後、民主主義と立憲主義の観点から、この日本国憲法を高く評価しました。

しかし、同時に、明治憲法に対しても、（制限があるとはいえ）言論・出版・集会・結社の自由などの人権保障が定められた近代的憲法として、高く評価していたのです。この憲法を上手く使いこなすことによって、民主政治・立憲政治は十分に可能であると考えました。

ただし、そこには大前提があります。尾崎が生涯、繰り返しその必要性を説き続けた**「国民一人一人が、民主主義と立憲主義をよく理解し、その精神を身につ**

けること」です。

日本国憲法が施行された直後、尾崎は、「明治憲法よりも優れたものができたが、明治憲法さえも上手く使いこなせなかった国民が、今のまま日本国憲法を持っても豚に真珠、宝の持ち腐れになるだろう」と言いました。

なぜ、尾崎に注目するのか。

尾崎が説き続けた「国民が民主主義と立憲主義の精神を持つこと」は、昔の明治憲法下であっても、今の日本国憲法下であっても（いや、むしろ日本国憲法下であればなおさら）、党派に関係なく必要なことだからです。

第4章　投票の心得10カ条（by尾崎行雄）

第1条

何よりもまず、自分はいかなる政治を希望するかという自分の意思を、はっきり決めてかかることが大切だ。選挙は、国民の意思を国政に反映させるために行われる。つまり、反映する本体がしっかりしていなければならない。有権者自身に政治的意思——どのような政治、どのような国・社会を実現したいと考えるのか——がなければ、いくら投票しても意味がない。

第2条

「出たい人より、出したい人を！」――これは先年、東京市政刷新運動が起こった時、以前東京市長を務めていた人から標語を募ったことがある。その求めに応じて私がつくった標語である。候補者自身の〝出たい〟という意向よりも、有権者の側の〝出したい〟という意向が重視されること。有権者のための選挙である以上、こうあるべきが当然だ。

第3条

金銭や、ごちそう、しがらみ、個人的な利害・感情で投票しないのはもちろんのこと、選挙の費用は有権者の持ち寄りにして、候補者に負担をかけないこと。一気にそこまでいけないいならば、なるべく候補者に金を使わせないように工夫すること。選挙に多額の金がかかれば、その分、候補者は金集めに目が行き、金力の政治を目指すようになる。

第4条

買収・ごちそう・哀訴（あいそ）・嘆願（たんがん）など、一切の不正な選挙をする候補者には、絶対に投票しないこと。金や物で釣ろうとする候補者、同情を引いて票を得ようとする候補者がいたら、たとえどんなに立派な政策を掲げていても、絶対に投票してはならない。

第5条

一から十まで政府に反対する議員も困り者だが、一から十まで政府の言うがままに従う議員よりはましだ。自分の頭で考えることをせず、政府権力に無批判に従う姿勢は、民主政治に反している。常に政府党（＝政権を担当している政党。与党）が勝つ選挙よりも、どちらかと言えば、野党（＝政権を担当していない政党）のほうが受けのいい選挙のほうが、民主政治の趣旨にかなっている。

第６条

「人物よりも政党に入れよ」というのは、真の政党が存在していることを前提としたものだ。まだ真の政党にまで発達していない現在の日本の政党（現在はまだ私党の域を脱していない未熟な政党で、公党とは言えない）を相手としては、無条件で賛成することはできない。しかし、立憲政治は結局、政党内閣制度によって運営されなければならない。今の政党を向上させて、真の公党に育て上げる準備のためにも、各政党の綱領（こうりょう）・政策を真面目に研究し、自分の希望するような政治をやる政党はどれか、よくよく見極（みきわ）めてから投票すること。

第7条

演説会場その他あらゆる機会をとらえて、有権者は各政党または候補者に向かって、具体的な政策を明示するように要求しなければならない。そして政党本部で発表した政策と候補者の言質（げんち）（＝後で証拠となる言葉）を箇条書きにして、台所の壁にでも貼（は）っておき、実行された公約の上には○をつけ、実行されなかった公約の上には×をつけるようにすること。公約を裏切った政党や議員に対しては、次の選挙の時に絶対に投票しないことを覚悟（かくご）すれば、政党も議員も、完全に有権者によってリードされるようになる。

第8条

議場の内外で国会の品位を汚すような行為をする者（下品なヤジや、殴り合いをするような者はこの部類に入れる）には投票しないこと。当選後、公明正大な理由もなく、選挙民の了解も得ずに党籍を変更し、または他の政党に入党するような者にも投票しないこと。多数で無理を押し通した政党には、投票によってその横暴をこらしめてやるくらいの覚悟がなければならない。

第9条

これまでの日本の選挙では、大臣や政務官になると必ず票が増えた。これは、官尊民卑（＝政府や官僚は〝偉い人〟で、民衆はそれに従うものだという考え方）の奴隷根性のあらわれだ。また、多数党でなければ何もできないから投票しても損だと考えることも、「長いものには巻かれろ」という考えで、多数・少数は有権者が投票して決めるのだという民主政治の「いろは」もわきまえない者の戯言だ。今日以降の選挙では、そうした考えはきれいさっぱり無くしたいものである。

第10条

川上を濁（にご）しておいて、下流を清く保つことはできない。川上の選挙が濁れば、川下の政治も濁るのが当たり前である。腐った水にボウフラがわくように、腐った選挙からは堕落（だらく）・腐敗（ふはい）した政治のボウフラがわく。日本民主化の大建築は、正しい選挙の土台の上に建てなければならない。

◇解説―有権者主導の選挙に向けて

尾崎行雄は、国会議員になる前から、こうした投票の心得を民衆に説いてきました。その姿勢は、国民主権を定めた日本国憲法が制定されて以降、さらに強くなり、自身が亡くなる直前まで続きます。

投票のあるべき姿を、なぜここまで繰り返し説き続けたのか。それは、選挙こそが（有権者の一票こそが）、この国・社会の未来を決めるものであり、政治の基礎・土台だと考えていたからです。

尾崎が特に求めたのは、「積極的な有権者」（自らの意思・判断で、自ら動く有権者）の姿でした。一人一人が、どのような政治が必要かを、自分の頭でしっかりと考え抜き（第1条）、自分の希望する政治を行う政党はどこか、各党の政策をよく研究し（第6条）、政党や候補者に向かって具体的な政策の提示を求めること（第7条）。

こうした態度で選挙・投票に臨むことによって、政治家のみならず、有権者自身の政治・政策に対する知識や判断力も向上し、それによって真の民主政治が実現すると尾崎は考えたのです。

この投票心得で説かれている選挙は、「有権者主導の選挙」と言えます。それは、政党や候補者から一方的に政策が提示されるような選挙ではありません。まして や、ひたすら候補者の名前が連呼されたり、キャッチフレーズばかりが繰り返されるような選挙でもありません。有権者自身が、候補者との対話の機会を積極的に持ち、候補者の政策を問いただすとともに、自らの政治的意思を発信する選挙です。

「投票の心得10カ条」――すべてを本気で行えば、有権者主導で選挙を変え、政治を変えていくことになるでしょう。

第5章　議員の資格10カ条（by尾崎行雄）

第1条

国会議員は、広い視野で、内外の情勢をきちんと分析する能力を持たなければならない。同時に、行政・実務についての見識も持たなければならない。これは法律によって設定することのできない資格で、財産や年齢よりも重要だ。

第2条

国会議員は、物事の善悪をわきまえて、正しい行動をとろうとする道徳心が強くなければならない。「政は正なり」という言葉もある。不正をただすためには、政治家自らも正しき行いをしなければならない。このこと自体は誰もが同意するが、当たり前のことは、つい見過ごされてしまい、かえって実行されないものである。実行こそが重要なのだ。

第3条

国会議員は、世のため、人のために尽くそうとする公共心が強くなければならない。これを養成するのは決して簡単なことではない。しかし、政治家に公共心が有るか無いか、公共心が強いか弱いかで、国家が栄えるか、滅(ほろ)びるかが決まると言っても過言ではない。この公共心の価値、大切さを知るべきである。

第４条

国会議員は、時の権力に屈しない勇気を持たなければならない。わが国では、多年にわたり大臣や官僚を威張(いば)らせてきたため、人民は、権力を握る者をおそれたり、すり寄ろうとしたりする傾向がある。人民の代表である議員は、時の権力に迎合(げいごう)する（自分の考えを曲げてでも、相手に気に入られようとする）ことなく、間違いは間違いだと言い、正しきことを実行する勇気がなければならない。

第5条

国会議員は、名利心（名誉や利益を欲する心）が薄くなければならない。名利心が薄くなければ、名誉を求めるがあまり権力に屈したり、自分の利害だけを考え、損得勘定で動くようになる。それでは、議員としての使命を果たすことはできない。

第6条

国会議員は、自分の主義主張をしっかりと持ち、それを守り通す姿勢がなければならない。間違った主義を持つ者であっても、全く主義を持たない者よりはましだ。主義を持つからこそ、その主義の過ちに気付けば、自分の意思で道を選び直す覚悟もできる。最初から信念も主義もない者は、時の権力に溺(おぼ)れたり、操(あやつ)られたりする可能性が高く、有害無益(ゆうがいむえき)である。

第7条

国会議員は、他者に左右されない確固（かっこ）とした判断基準、本質を見極める目を持たなければならない。それがなければ、柳が風になびくがごとく、誘われるまま西に行ったり東に行ったりしてしまう。そんなことでは国の舵取り（かじと）はできない。

第8条

国会議員は、細かな点まで深く考えたうえで発言・行動しなければならない。その場の思いつきで指示を出したり、引っ込めたりすることがあってはならない。政治上の指示・命令は、時として国の命運に重大な影響を及ぼす。朝令暮改（朝に出した命令・政令が夕方にはもう改められること＝方針などがすぐに変わって安定しないこと）は弊害が大きい。

第9条

国会議員は、物事を冷静に判断し、穏やかな言動で、確実に実行していかなければならない。過激な言論や、痛快な挙動は避ける必要がある。過激で乱暴な人間は、世の中の流れや国民の心情を深く見通すことができない。痛快な振る舞い、見せかけの勢いだけでは、政治を前に進めることはできない。

第10条

国会議員は、多少は演説が上手くなければならない。自らの主義主張をきちんと伝えるためには、演説の力が必要だ。ただし、みだりにこれを使用しない人物を議員に選んだほうがよい。演説の力は、本当に大事な場面で発揮すべきものである。普段、何でもない時にこの力を使う者は、自分の言葉に溺(おぼ)れ、過信するおそれがある。

◇解説―有権者が政治家を鍛(きた)え、育てる

1887年、尾崎行雄は保安条例によって東京退去を命じられますが、それを機に、翌88年、アメリカ・イギリスへと渡ります。この外遊(がいゆう)は、およそ2年におよびますが、その間、他国の文化や政治制度を視察し、その見聞録(けんぶんろく)を日本に送り続けていました。

見聞録には、単に制度の仕組みや解説だけでなく、国会開設を1890年に控えた日本への提言も数多く書かれていました。「議員の資格10カ条」は、その中の一つです。

国会議員は、確固たる信念と判断基準を持ち（第6条・7条）、世界の流れと国内情勢を冷静に見極めながら、着実に政治・行政運営を行う手腕がなければならない（第1条・8条）。同時に、過激な言動や、派手なパフォーマンスは慎み（第9条）、言葉だけが上手で中身の無い演説をしたり、自分を見失ったりしてはなら

ない（第10条）。おそらく、現在の国会議員で、ここだけを読んで耳が痛くなる人もいるのではないでしょうか。

また、議員は権力に屈することなく、率先して正しい行動をとり、名誉欲にとらわれず、世のため人のためという思いで政治に取り組むべきだという第２条から５条は、あまりにも理想論すぎると感じるかもしれません。しかし、これらに全く無自覚な議員と、現実には難しくても常に心がけている議員とでは、実際の言動に大きな差が出るでしょう。

「議員の資格10カ条」は、政治家を目指す人たちに向けて書かれたものです。有権者の「投票心得」とは別物のように思われるかもしれません。しかし、有権者の側が、これらの資質を政治家に求め、そうした政治家を支持するようになれば、自然とこの資質を備えた政治家が生まれてくるのではないでしょうか。その意味では、まさに有権者が心得ておくべき10カ条とも言えるのです。

第６章「考える力」とメディア・リテラシー

◇「誰が正しいか」ではなく「何が正しいか」

「民主政治は、衆愚政治に陥る危険性が常にある」と言われます。衆愚政治とは、文字通り、愚かで無知な大衆と、その大衆を煽る政治家によって引き起こされる堕落した政治のことです。**大衆の支持のもと**、愚かな政策が次から次へと打ち出され、最終的には、その国が滅ぶことになります。

では、衆愚政治にならないためには、どうすればよいのでしょうか。制度を検討することも一つの手ですが、最も重要なのは、国民・有権者が賢明であり続けることです。

例えば、選挙の際、候補者が当選したいがために並べる人気取りの政策や、甘い言葉を鵜呑みにすることは、賢明とは言えません。有権者にとって、一見、お得に思える政策であっても、よくよく見ると、財源の裏付けがなかったり、将来世代にツケを回すものであったりする場合があります。

その政策は、誰に、どういう割合で、どんな内容の利益と負担を生じさせるのか。それは短期的なものか、長期的なものか。さまざまな角度から考え、厳しくチェックする必要があります。

賢明であること——それは、単に知識を詰め込んで、頭でっかちになることではありません。政治・政策のあり方について、**誰が正しいかではなく、何が正し**

いかを自分の頭で考え抜くことです。

「大臣が言うから」「専門家が言うから」「信頼するあの人が言うから」それが正しいのだ、と思い込むのは危険です。それは「他人任せ」「お上（かみ）任せ」という依存的（いぞんてき）態度で、民主主義とは正反対のものです。また、社会全体や将来に目を向けず、目先の自分の利益や感情を満たす政策に飛びつくことも、衆愚政治の始まりです。

　本当にそれが正しいのか、正しいとする根拠は何なのか、さまざまな角度から批判的に検討し、自分自身でしっかりと考え抜くことが、有権者としての賢明な態度です。

　地位・肩書・権威、先入観にとらわれず、政治や政策について冷静に、多角的に考え、議論を深めること。そのプロセスを繰り返すことが、有権者としての適切な評価・判断・行動につながり、衆愚政治に陥る危険性を減らしていくことになるでしょう。

◇メディアとの賢い付き合い方

自分の住む国や社会のあり方、政治・政策がどうあるべきかについて、私たちは通常、メディア（情報媒体）から情報を受け取り、それを基に考え、評価・判断します。メディアには、新聞、雑誌、書籍、テレビ、ラジオ、インターネットなどがあり、日々、膨大な量の情報が発信されています。

それらの情報の中には、正確なものもあれば、不正確なものもあります。事実もあれば、事実を意図的に捻じ曲げている場合もあります。また、情報を発信する側の「伝え方」によって、受け取る側の印象を操作することもできます。

重要なのは、情報の受け手が、各メディアの特性、長所や短所を理解したうえで、その情報が信頼の置けるものかどうか、また、どの部分に、どのような発信者の意図（価値判断）が加えられているのかを見極めることです。このように「メディアの構造を理解したうえで、情報を識別し、適切に評価・判断する能力」をメディア・リテラシーと言います。

特に、政治・政策に関する情報に対しては、受け手のメディア・リテラシーが欠かせません。ここが不十分だと、先に述べた「衆愚政治」に陥る危険性が高くなります。

新聞やテレビなどの政治報道に対して「偏っている」という批判を耳にすることがあると思います。「あの新聞の、あの記事は偏っている」「あのテレビ局の、あの番組は偏っている」――。

「偏る」というのは、政治的に中立ではないことを意味します。発信する側が、特定の情報や意見だけを取り上げたり、印象操作をしたりすることで、自らの意図・目的に沿った方向へ世論を誘導しようとする場合があります。その偏った情報を鵜呑（うの）みにしてしまうと、政治・政策に対する有権者としての評価・判断を誤ってしまいます。

ただし、ここで気をつけなければならないのは、情報の受け手が、自分に都合の悪い意見、自分とは反対の意見（それを取り上げるメディア）に対して「偏っている」と決めつけ、異なる意見・情報を自ら遮断（しゃだん）してしまうことです。

それは、自分からそうする場合もあれば、自分では気付かないうちに、そうなっている場合もあります。例えば、あるテーマについて、インターネットで調べる場合を考えてみましょう。自分で考えたキーワードで検索すると、さまざまなサイトが出てきます。そこで、ニュース記事を読んだり、専門家・政治家のブログ、また公開されている論文を読んだりすることもあるでしょう。

さらに、記事中のリンク先をたどっていくと、より深い情報や、多くの周辺情報にアクセスすることもできます。そこで、自分では、さまざまな角度から深く調べ、多様な意見に触れているつもりになります。

しかし実際には、自分が「正しいと思っていること」や「こうあってほしいという願望」を裏付けるための情報ばかりを集めてしまっている。あるいは、自分とは反対の意見を無視してしまっている、ということが多々あります。これは心理学で「確証バイアス」と呼ばれる現象で、決して珍しいことではありません。

私たちは、起きてから寝るまでの間、テレビや新聞、ネットのニュース、電車内の雑誌の吊り広告にいたるまで、さまざまなメディアから多くの情報を自動的に受け取っています。

「どのようなメディアにも、事実を曲げたり、印象操作をして視聴者や読者の評価・判断を誘導する可能性がある」ということを念頭に置いておく必要があります。

そのうえで、自ら積極的に多様なメディアに触れ、情報を比較しながら、さまざまな角度から考えること。そして自分とは異なる意見・情報にも意識的に触れていくこと。それが、民主政治には欠かせない、有権者の「メディアとの賢い付き合い方」なのです。

付章「尾崎行雄の信念と生き方」

本稿は、尾崎行雄三女の相馬雪香（そうまゆきか）氏（平和活動家／1912―2008）と著者とが1998年に発足させたリーダー養成塾「咢堂塾（がくどうじゅく）」で2015年に著者が行った講義を収録・編集したものです。（「咢堂」＝尾崎行雄の雅号）

◇異なる意見に触れ、自らの信念を固める

はじめに、皆さんに申し上げておきたいことがあります。

今回、この「咢堂塾」の塾生を募集した際、応募を検討している方から電話があり、私に次のような質問をしました。

「この塾は、保守系ですか？　それとも革新系ですか？　私自身は保守派の人間ですので、この塾が革新系であれば、そういう人たちと議論したくありません。保守系の塾であれば応募したいと思います」

私は答えました。

「咢堂塾は超党派の団体で、塾生募集はすべての方に公開して行っています。実際に集まる塾生が、保守系であろうが革新系であろうが、それは問題ではありません。それよりも『そういう人たち（自分とは意見の異なる人たち）と議論した

くない』という考えは、当塾の趣旨に反するので、もう一度、趣旨・内容をよくお読み頂き、ご検討下さい」

今日ここに集まっている皆さんは、政治に対する考え方がそれぞれ異なっているかもしれません。それでいいのです。いろいろな考え方、意見があっていい。重要なのは、自分とは異なる意見、異なる信念とぶつかることから逃げてはいけないということ。むしろそれはチャンスなんです。もう一度、自分自身と向き合い、自らの信念を見つめ直すチャンスです。

相手の意見を尊重し、しっかり議論を深めていく。そのプロセスで、これまで正しいと思っていた自分の信念が何度も揺らぎ、迷い、葛藤を繰り返す。それがあって初めて、本当の信念ができあがっていく。

この咢堂塾は、いろいろな立場の人たちが、異なる意見、異なる信念をぶつけ合いながら、自らの信念を磨き、固めていく場なんです。

◇超党派で支えられる尾崎財団

今日、皆さんにお越し頂いているこの「憲政記念館」は、国会議事堂の向かい側に位置し、住所は永田町1丁目1番地1号——まさに政治の中心地です。この記念館の1階に、われわれ尾崎行雄記念財団の事務所があります。

尾崎行雄は1954年に亡くなりますが、2年後の1956年、尾崎行雄記念財団が設立されます。尾崎財団は超党派の団体で、会長は、時の衆議院議長が務めることとなっています。その尾崎財団が広く国民から浄財（じょうざい）を募って、1960年に完成したのが、この憲政記念館の前身となる「尾崎記念会館」です。「憲政の父」と呼ばれた尾崎行雄の信念や生き方を次代につなぎ、広めることを目的とした尾崎記念会館。もともと、その建設を提案したのは一部の国会議員有志でした。しかし、尾崎行雄の名前を出すと、賛同の声は超党派で一気に広がりました。また、国会議員だけでなく、尾崎の選挙区であった三重をはじめ、全国の地方議会議員の多くも賛同してくれました。

そして、経済界も動きました。当時、経団連の副会長を務めていた植村甲午郎（うえむらこうごろう）氏は、「財界は、尾崎さんには世話をしてもらったことがなく、むしろしばしば攻撃された。しかしあのような全国民の幸福を考え、独裁政治を排（はい）して今日の民主政治の礎（いしずえ）を築いた人にこそ感謝を捧（ささ）げるべきで、財界も進んで協力すべきだ」と言って、経済団体に声をかけてくれたんです。

尾崎財団や協力者の地道な呼びかけで、政界はもとより、経済界も動き始め、徐々にお金が集まり始めます。そして、天皇陛下から御下賜金（ごかしきん）も賜（たまわ）れました。

そんな中、尾崎財団関係者を最も奮（ふる）い立たせたのは、全国の青少年からの寄付でした。当時、尾崎財団の副会長を務めていた松岡駒吉（まつおかこまきち）・元衆議院議長の発案で、全国の学校に寄付を呼びかけようということになったんです。松岡氏は日本社会党の議員で、初の社会主義政党出身の議長でした。その松岡氏が、自ら全国の中学・高等学校の理事のもとを訪れ、記念館建設の意義を説いたところ、次々と寄付が寄せられました。大は2万数千円から、小は17円まで、まさに全国の青少年の「思い」が寄せられたんです。

天皇陛下、全国超党派の国会・地方議会議員、経済界のみならず、そうした青少年の思いの上にこの憲政記念館（旧尾崎記念会館）が建てられている――そのことを忘れてはいけません。

尾崎財団が設立されてから、来年（２０１６年）で60年になります。記念館建設をはじめ、財団のこれまでの歩みは、まさに党派を超えて、全国民、そして次代を担う青年たちによって支えられ、守られてきた60年なんです。

◇憲政記念館の意義—尾崎行雄と東条英機

この憲政記念館が建っている場所は、陸軍省、参謀本部があった場所です。戦前・戦中と、尾崎行雄は「国賊・非国民」と罵られ、軍部から睨まれ、暴漢から命を狙われた。１９４４年には、東条英機が参謀総長を務めています。東条英機といえば、大政翼賛会を通じて尾崎を弾圧した人物です。

かつて、尾崎を弾圧した東条英機が参謀総長を務めた場所に、今は弾圧された尾崎の記念館と銅像が建っている。これは何を意味するのか。実はこの話をした時に、ある人が私に次のように言ったんです。

「なるほど。おもしろいですね。やっぱり尾崎は正しかったわけだ。尾崎の宿敵とも言える東条の活躍した場所に、結局は尾崎の銅像が誇らしげに建っている。戦後ようやく、東条を抑え込んで、尾崎が勝ったわけですね。尾崎の正しさが証明された……」

皆さんの中にも、そう感じる人が少なからずいるかもしれません。

しかし、私は、そう簡単に結論付けてはいけないと思うのです。軍縮を唱えた尾崎が正義で、その尾崎を弾圧し、A級戦犯として処刑された東条が悪だという、教科書通りの結論を確認するために、この憲政記念館、尾崎の銅像があるわけではない。

尾崎行雄にしても、東条英機にしても、当時の世界情勢の中で、いかに日本という国を存続させるか――国家・国民の行く末を本気で考え行動した政治家であったと思います。にもかかわらず、両者は全く違う道を歩み、対決することとなる。

ここで、絶対に忘れてはならないのは、当時の東条、あるいは大本営（だいほんえい）発表に拍手喝采（はくしゅかっさい）を浴びせたのは誰かということです。逆に、尾崎を国賊、非国民だと罵ったのは誰かということです。両方とも、われわれ国民なんです。国民が熱狂し、東条を讃え、尾崎を罵ったのです。

ところが戦後、あっと言う間に今度は東条を悪の権化のように言い、尾崎を憲政の父だ、議会政治の父だと言って讃え出す。ここに、実は日本国民の「危うさ」があると思うのです。

憲政記念館の尾崎の銅像を仰ぎ見て、何の疑いもなく「尾崎こそが正義で、東条は悪だ」と決めつける姿は、かつて大本営発表に熱狂し、東条を拍手で迎えた国民と全く同じように思えてしまう――どちらも「思考停止」の状態です。

もう一度、あの戦争は何だったのか、なぜ東条はあのような決断をしたのか、なぜ尾崎は東条と対決することとなったのか、その時、われわれ国民はどうだったのか、そして戦後、その国民の何が変わり、何が変わっていないのか。何度も自問自答し、自らを省みる場――それが憲政記念館だと思うのです。

◇尾崎行雄は「選挙の神様」ではない

ところで、今から数年前、尾崎の銅像の前で、ある国会議員が私にこう言ったんです。

「いやあ、尾崎先生というのは本当に偉いですよね。だって、連続当選25回でしょう。私は今2期目だけど、あと23回当選しろなんて言われたら、とてもじゃないけどお金も命も持ちませんよ」と。そして次の瞬間、「いやあ、尾崎先生は『選挙の神様』です。あやかりたい、あやかりたい」——そう言って手を合わせてお辞儀をしたんです。

私は、非常に違和感がありました。政治家が、尾崎行雄の銅像の前で、尾崎を「選挙の神様」だと言って手を合わせ、あやかりたいと言って頭を下げる。気持ちとしては分かりますが、どうしても違和感が隠せず、つい私も言ってしまいました。

「それは違うと思いますよ。国会議事堂正面の向かい側に憲政記念館が建ち、その憲政記念館の中央に尾崎の銅像が建っているのは、『選挙の神様』として讃えられるためでもなければ、ましてや政治家が尾崎の選挙にあやかりたいと言って手を合わせる〝当選祈願〟のためでもありません！」

では、何のためか。それはまさに、尾崎行雄の信念や生き方を今に伝え、未来に語り継ぐ価値があると思えばこそ、ここに憲政記念館が建ち、われわれ尾崎財団が活動し、尾崎の銅像が国会議事堂を睨みつけているんです。

◇「憲政の神」と呼ばれた尾崎行雄

さて、皆さんは「尾崎行雄」と聞いて何を思い浮かべますか？　インターネットで検索すると、ウィキペディアに尾崎行雄が載っています。読まれた方もいると思いますが、そこにはこう書かれているんですね。「連続当選25回、議員生活63年、ゆえに『憲政の神』と呼ばれる」と。これは間違いです。

尾崎行雄は、１８９０年の第１回総選挙から連続当選25回、議員生活60有余年。これはまだ誰にも破られたことのない偉大な記録です。尾崎が亡くなったのは１９５４年ですが、その前年に「初落選」という、文字通り生涯現役を貫いた政治家です。しかし、連続当選したから、国会議員を長く務めたから、記録を打ち立てたから、「憲政の神」と呼ばれたわけではないんです。

「憲政」とは立憲政治のことです。立憲政治とは、立憲主義に基づく政治。尾崎を語る上で、立憲主義という概念はとても重要です。あとでもう少し詳しく話しますが、１９１２年（大正元年）の暮れに、「憲政擁護（ようご）・閥族打破（ばつぞくだは）」を掲げて、憲政擁護運動が巻き起こります。翌年それが全国に広がり一大国民運動となる。その先頭に立ったのが、後に首相となる犬養毅、そして尾崎行雄でした。人は彼らを「憲政二柱（ふたはしら）の神」と呼んだのです。

◇尾崎行雄の「二つのフセン」

尾崎行雄は、「二つのフセン」を進めました。一つは「普選」、普通選挙運動です。もう一つは「不戦」、軍縮・不戦運動です。この二つのフセン、言葉を換えると、「民主主義と平和」ということです。

「民主主義と平和」――。そう聞いて、皆さんはどう思われますか？　尾崎の信念は何かと問われて、それは「民主主義と平和です」と答えてしまうと、なんとなく拍子抜けするかもしれません。それだけ、この二つの言葉は、今や当たり前で、ありふれていて、陳腐（ちんぷ）にさえ聞こえてしまう。そして当たり前であるがゆえに、私たちはつい考えることをやめてしまっている。民主主義とは何か、平和とは何か——。

戦後、日本国憲法が制定されました。憲法には国民主権、平和主義が謳われている。そして戦後の一部の勢力は、民主主義と平和というお題目を唱えてさえいれば、それが実現すると思っていたふしがある。それに反対する勢力は、憲法を変えさえすれば「古き、よき日本」がよみがえると思っていたふしがある。私はこれ、両方とも違うと思っています。自らの立ち位置を示すためだけに、単にスローガンとして叫んだり、あるいは仲間内だけで「予定調和の語り合い」をしても何の意味もない。

民主主義と平和、あるいはそれを盛り込んだ憲法は、それを守るにせよ変えるにせよ、相当の覚悟と熟慮、真摯な議論が必要です。時には自分にとって都合の悪い事実を、苦しいけれども受け入れなければならないかもしれない。民主主義も平和も、決して「優しい、穏やかな、バラ色の社会」だとは思いません。むしろ私たち一人一人に、とても厳しい覚悟と責任を突きつけている。

尾崎行雄が民主主義と平和を唱えた時は、文字通り命がけです。彼は真の政党政治、立憲政治を実現させようとして、時の藩閥（はんばつ）・軍閥（ぐんばつ）政治と対決します。そして何度も命を狙われた。軍縮・平和を説いて、全国を遊説する時も何度も暴漢（ぼうかん）に襲（おそ）われる。娘の相馬雪香さんは、まだ幼かった時、尾崎行雄と一緒に自宅の隣の工場まで一緒に逃げたという思い出も語ってくれました。そういう時代ですよ。民主主義と平和を口にして、その運動をすれば、命が狙われていた時代。国賊、非国民と罵られた時代。

　民主主義と平和をめぐって、そうした時代、歴史があって今があるんだということを忘れてはならないと思います。

◇民主主義は「有権者中心の政治」

尾崎は、民主主義というものについて、こう言っています。とてもシンプルです。民主主義というのは、有権者中心の政治である。有権者中心の政治とは、選挙中心の政治である。ゆえに川上の選挙が濁れば、川下の政治にボウフラが湧くのは当然であると。

有権者中心の政治。これはとても厳しい考え方です。よく私たちは、「いやあ、今の政治は本当にダメだよね」と、つい言ってしまう。いや違う、私たちがダメなんです。「最近の政治家は、馬鹿(ばか)ばっかりだよね」と言う。いや違う、私たちが馬鹿なんです。これが民主主義です。つまり、政治や社会に言ったことは、そのまま直接、自分自身に突きつけられていく。大変厳しい制度であり、厳しい考え方です。

民主主義は、個人の自由と権利を尊重し保障するというのが前提です。けれども同時に、そこで尊重され、守られる一人一人が、自分のことだけでなく、社会全体にも目を向けなければいけない。社会や国のあり方に当事者として参加していく覚悟と責任が、一人一人に求められる。それが民主主義です。

◇「世界の中の日本」

では、尾崎の考えた平和とは何か。それは、「日本だけ平和であればいい。ほかの国にどんなことが起こっても、日本だけ平和で、豊かで、安心して暮らせればいい」――そんなことではありません。当時、尾崎が唱えた平和というのは、世界全体の平和です。国家間同士が戦争を起こさないための世界的枠組(わくぐ)み・仕組みを追求したんです。

彼は、国家主義というものが強調されればされるほど、それは摩擦(まさつ)を生み、戦争を生む原因になると考えました。ですから、その国家主義を少しでも和らげる世界的な枠組み、さらには、国家間の揉(も)め事を武力ではなく法によって解決するための仕組みの必要性を訴えたんです。そして、そういった枠組み・仕組みづくりに、日本が率先して声をあげる、あるいは、そうした世界の流れに協力・貢献(こうけん)していく、それが日本民族の生き残る道だと説いたんです。

世界が平和でなければ、日本に平和はない。だから世界が平和になるような枠組みをつくるために日本は積極的に貢献すべきだと言った。これも決して生易(なまやさ)しいことではないですよね。大変厳しい覚悟と努力を必要とします。

◇制度と思想の食い違い

戦後、日本国憲法が制定されました。そこには国民主権、平和主義、基本的人権が謳(うた)われている。尾崎は、この憲法を歓迎します。しかし同時に、制度だけでは駄目(だめ)で、民主主義の精神、立憲主義の精神が国民に根付かなければ、絵に描(か)いた餅(もち)だと言ったんです。

尾崎は、明治憲法も、運用さえ誤らなければ立派な憲法だったと言っています。五箇条(ごかじょう)の御誓文(ごせいもん)の第一条に「広ク会議ヲ興(おこ)シ万機(ばんき)公論ニ決スヘシ」とあって、尾崎はこれこそデモクラシーだと捉(とら)えた。だから、それをもとにした明治憲法を高く評価するわけです。しかし、政治家も有権者も、立憲主義・民主主義を理解しないがゆえに、藩閥・軍閥政治が幅を利かせ、政党政治も機能せず、結局、無謀(むぼう)な戦争に突き進んでしまったと尾崎は嘆(なげ)いた。

◇立憲主義とは何か

では、立憲主義とは何でしょうか？ 近代立憲主義は、個人の自由・権利を保障するため、憲法によって権力者の身勝手な支配を防ごうとする考え。つまり、憲法によって国家権力を縛りましょう、コントロールしましょうという考え方です。尾崎は、明治憲法以来、一貫して立憲主義の大切さを説き続けます。

尾崎は、この立憲主義と対立する概念として、封建主義をあげます。尾崎は封建主義を「斬り捨て御免の弱肉強食主義」「長い物には巻かれろ式の奴隷根性」「上には無批判に追従し、下には傲慢で暴力的な態度をとる野蛮人」といった調子で、激烈に批判します。つまり、封建主義に基づく「人・力の支配」から、立憲主義に基づく「法・道理の支配」への転換を主張したわけです。

当時のいわゆる藩閥政治は、憲法をないがしろにし、手続きを無視した「人・力の支配」だった。それを憲法に基づく政治、法の支配による立憲政治へと変えようとしたわけです。

◇尾崎のナショナリズム

ところで、尾崎は20歳の時、福澤諭吉(ゆきち)の推薦(すいせん)で『新潟新聞』の主筆(しゅひつ)になります。そこでいろいろと書くのですが、その中の一つに『尚武論(しょうぶろん)』というのがあります。これは後に尾崎の初めての著作として出版されます。

「尚武」とは、文字通り「武を尚(たっと)ぶ」ということ。文武両道という言葉がありますが、尾崎は、国家には「武」と「文」の両方がなければならない、武だけが突出すれば強暴になってしまう、それはよくないと考えました。それでもあえて武を尚ぶとは、どういうことか。それは、単に武力・軍事力を重んじるということではなくて、欧米列強にも決して屈しない、卑屈にならない、武人としての気概、国を思う心の大切さを説いたわけです。それがあって初めて、近代国家として、武力だけではなく総合力を高めて、諸外国と渡り合える強い国家ができるというわけです。

もう一つ尾崎は、「民権張らずんば国権伸びず」という演説をして、これも本になりました。民衆の力を高めて、国家の力を伸ばしていく。いわゆる「下からのナショナリズム」を考えたんですね。民衆の力とは何か。一言で言うと、徳と知識と愛国心です。これらを民衆が手に入れ、「文化の力」が高まった時、国としての力が伸びていく。

◇尾崎の信念の転換

ここまでの話を聞いていて、皆さん、「あれ？」と思われたかもしれません。尾崎の信念は、民主主義、平和主義のはず。でも尾崎はナショナリストであり、武力を否定しているわけでもない。矛盾してるじゃないか、と。そうなんです。尾崎が、本当の意味で民主主義・平和主義を唱え出す――つまり、普通選挙の実現と、不戦・軍縮による国際協調を言い出すのは、第1次世界大戦後のことで、年齢は60歳を過ぎてからなんです。

終戦翌年の1919年に欧米を視察して、そこで目で見、肌で感じた戦争の凄惨さ、不条理。勝っても負けても戦争は悲惨なものである。「どんな名画・名文でも、この凄惨さをあらわすことはできないだろう」と尾崎は言いました。そして、二度とこうした世界規模の戦争を起こしてはならないと決意します。

また、その決意を促した要因の一つに、東京市長時代の経験もあると思います。尾崎は、1903年から1912年まで東京市長を務めます。当時は国会議員との兼職が可能でした。この時期、尾崎はほとんど国政の場では活躍していません。そのかわり、東京市のインフラ整備を徹底的に進めました。上水道拡張、下水道工事、道路改良、街路樹植栽、港湾整備、東京市街鉄道の買収、ガス会社の合併…。特に、多摩川水源林調査に着手して、市の水源林を買収・確保したことは、その後の東京市の発展、市民の生活向上に大いに役立ちました。

私は、こう思うんですね。それまで尾崎は国家と向き合い、国のあり方を考え続けていました。しかしこの市長時代は、地域の経済・社会、そして民衆の生活と真摯に向き合った。この経験があったからこそ、第1次大戦後の都市の破壊、生活の破綻、民衆の苦しみや悲しみを目の当たりにした時、非常に大きな衝撃を受け、信念の転換を促したのです。

◇一貫した目的意識と、手段としての「二つのフセン」

第1次世界大戦後に、「制限選挙論から普通選挙論へ」「国家主義から国際協調主義へ」「武力肯定から軍縮へ」と信念が大きく転換した尾崎。

それを促した理由として、世界戦争がもたらす惨状を目の当たりした時の衝撃、また、東京市長としての経験などを挙げました。ただ、それは、あくまで尾崎の個人的感情の問題です。

こうした感情的なものとは別に、尾崎には、この二つのフセン——普通選挙と軍縮・不戦を主張するにいたった、きわめて現実的かつ合理的な理由がありました。実は、それこそが、尾崎を見るうえで大変重要なポイントなのです。

先ほどから「信念の転換」と申し上げていますが、その信念——民主主義と平

和主義――普通選挙運動と不戦・軍縮運動というのは、それ自体が目的ではなく、あくまで手段として導き出したものだということを忘れてはいけません。

では、目的は何だったのか。尾崎行雄は、青年期から晩年にいたるまで、一貫した目的を持っていました。それは、「国の存続・繁栄と国民の幸福」です。

欧米列強に飲み込まれることなく、国を存続させ、発展させ、国民を幸福にすること。そのために必要と考えたのが、日本を文明国――民主政治と立憲政治の国にすることでした。しかし、国民が民主主義・立憲主義を理解しないまま、ただ制度だけを作っても社会が混乱するだけと考えた尾崎は、長年、制限選挙論者でした。また、「弱肉強食」のような世界情勢において、列強に飲み込まれないために、強硬論を打ち出し、武力行使を積極的に奨励したこともありました。

しかし、第1次世界大戦後、いや、正確には大戦末期から、世界情勢が軍縮と国際協調の方向に動き始めます。常に世界的視野で物事を見てきた尾崎は、その

世界の流れを敏感に感じ取ります。

そして、「国の存続・繁栄と国民の幸福」のために、今、とるべき日本の戦略は何かを考えます。世界が軍縮の流れにある時に、日本がその流れに逆らって軍拡を主張すれば、世界から孤立し、国の存続が危ぶまれる。また軍拡は、財政的にも負担が大きく、国民生活を圧迫し、幸福につながらない。だったら軍縮の方針を打ち出すほうが、国益にかなうし、国民の幸福につながる。

一方、普通選挙を主張し始めた理由は何か。それは欧米視察を通じて、戦禍に苦しむ国々で革命の機運が盛り上がっているのを知ります。そして、日本国内では前年、米騒動が起きていた。「日本でこれ以上、革命や暴動が起きることは防がなければならない」と尾崎は考えます。「だったら選挙権を与えて、彼らを政治に参加させたほうが国も社会も安定する」――これが普通選挙を唱えるにいたった最大の理由です。

「信念の転換」――。それは、「国の存続・繁栄と国民の幸福」という目的実現のために、内外の現状を冷静に分析したうえでなされた、いわば「手段の変更」だった――より有効な手段を選んだと言えるのです。

◇現実を直視する

尾崎というと、高い理想を掲げ、信念を曲げることなく、一途にその理想を追い求めた、といったイメージを持つ人も多いと思います。しかし、実際はそんな単純なものではない。民主主義と平和主義――普選と不戦。一見、高い理想を掲げているように思えますが、それは決して地に足のつかない理想論ではなく、世界と日本の現実を直視（ちょくし）した上で、理想と現実の狭間（はざま）で何度も葛藤（かっとう）しながら、「国の存続・繁栄と国民の幸福」のために、どういう手段が有効かを考え抜いた結果です。

第1次大戦後、国際協調主義と軍縮を明確に打ち出したのも、また、普通選挙の必要性を唱えたのも、あくまで現実的視点からです。

世界が軍縮に向かおうとしているのなら、その流れに乗って日本も軍縮をしたほうが、財政的にも負担が軽く、国益にかなう。革命や暴動が起きる可能性があるならば、選挙権を与えて、政治に参加させたほうが社会が安定し、国益にかなう。また、資源が少なく領土も狭い日本は、国家主義を高調（こうちょう）して門戸（もんこ）を閉じるより、互いに門戸を開き貿易をしたほうが国益にかなう。

さらに、世界の平和と繁栄のために、日本が率先して声をあげ、取り組むことが、日本が世界から信頼され、尊敬され、生き残る道であると考えたわけです。逆の言い方をすれば、当時の世界情勢と日本の国力、その現実を冷静に見た時、日本の生き残る道、選択肢（せんたくし）は、もうそれしかないと考えた。

◇批判的精神と強靭な信念

尾崎は、立憲政治には批判的精神が不可欠だと言います。批判的精神とは、権力に盲従せず、「誰が正しいかではなく、何が正しいか」を考えるということです。矛盾と向き合い、葛藤し、何度も迷い、理想と現実の狭間で揺れ動く。それでも、自分に都合のよい解釈をせず、とことん現実を直視して、物事を多面的に捉えながら「何が正しいかを考え抜く」。「思い込む」のではなく「考え抜く」のです。そのプロセスがあって初めて本当の信念ができあがっていく、何があっても折れない強靭な信念が。

そうしてできあがった信念は、不屈の精神と行動力を生みます。第1次大戦後から第2次大戦にいたる間、戦時中も一貫して尾崎は軍縮・不戦を説き、また立憲主義・民主主義を説いた。たとえ命を狙われ、暴漢に襲われることがあっても、翼賛選挙で圧力をかけられても、巣鴨プリズンに投獄されても、尾崎の信念は微塵も揺るがなかった。そして戦後は、世界連邦構想を提唱し、「憲政の父」「議会政治の父」と仰がれながら、94歳で初落選、95歳で天寿を全うするわけです。

◇「お上任せ・他人任せ」

一人一人が、批判的精神を持ち、何が正しいかを考え抜くこと。尾崎の言う立憲主義、民主主義の中核です。「お上には逆らえない」「偉い人に任せておけ」「誰かが何とかしてくれる」――そういう「お上任せ・他人任せ」が日本の民主主義、立憲主義を駄目にした。

尾崎は、時の藩閥・軍閥と闘うわけですが、最終的な批判の矛先は、実は国民、有権者に向くわけです。尾崎はよく「民衆の側に立って闘った」などと紹介されますが、その民衆、国民のあり方を批判したんですね。

なぜなら、藩閥・軍閥によって政党政治が歪められ、政党が廃れていく。その原因は、日本の政党が主義・政策で結びつく「公党」になり切れず、いつまでたっても親分・子分で結びつく「私党・徒党」のままだったからだ。しかしその政党を構成する国会議員を選んだのは国民だ。国民全体に広がる封建的態度、つまり「お上任せ・他人任せ・長い物には巻かれろ」が、結局、政党を徒党のままにし、藩閥・軍閥に付け入る隙を与えたんだと。

では、今現在の日本の政治・社会はどうでしょうか。政党はどうでしょうか。有権者と政治家との関係、それぞれのあり方はどうでしょうか。尾崎の指摘や批判が、今の日本の政治・社会に通じるとしたら、それは大いなる悲劇です。今から100年前の指摘ですよ。この100年、少なくとも戦後70年、私たちは何をやっていたのか。

◇「人生の本舞台は常に将来に在り」

ところで、１９３３年、尾崎はその強靭な精神・信念とは裏腹に、失意の底にありました。これまで長年、憲政の樹立と政党政治の確立に心血を注いだにもかかわらず、31年には満州事変が起こり、32年には五・一五事件で盟友・犬養毅が暗殺され、軍人内閣が誕生します。

その翌年、１９３３年秋、尾崎は自らの非力さに悶々としながら、三重県下を講演して回っていました。その時、風邪を患い、中耳炎を併発し、床に伏してしまいます。その病床で、まるで天啓を受けるかのように脳裏に浮かんだ言葉。それが、「人生の本舞台は常に将来に在り」でした。

「昨日までは人生の序幕に過ぎず、今日以後がその本舞台。過去はすべて人生の予備門で、現在以後がその本領だと信じて生きる」という人生観です。

知識や経験は、年を重ねるたびに増えていく。過去に経験した悲しみ、後悔、迷い、悩みでさえも、それを「糧」として未来に生かす。また、ある目標を達成しても、それを次の目標に向けた準備と捉える——この信念を持てば、人は再生の境地に入る、と尾崎は言います。

◇世のため、人のため

体力への不安感、政治活動に対する挫折感、政党政治の退廃と軍部台頭への焦燥感、そして盟友を失った悲しみ——。数々の悲観的な感情に包まれる中、なぜ、これほど前向きな、力強い言葉が浮かんだのでしょうか。

それはまさに、尾崎自身が、自由民権運動以来60年を、常に「世のため、人のため」という思いで生きてきたからです。私利私欲ではなく、社会のため、国のため、ひいては世界のために何をすべきかを考え、行動してきた尾崎。世のため、人のために、自らの利害得失ではなく、正邪善悪を基準に行動してきた尾崎であるからこそ、失意の中にあってこの力強い言葉が宿ったのです。

◇咢堂塾で学ぶ意義

1998年に、尾崎行雄三女の相馬雪香さんと立ち上げた「咢堂塾」。この17年間で、延べ520名が卒塾しました。国会・地方議会議員だけでなく、地域リーダーとして多くの仲間が活躍しています。

「知識を詰め込むだけの、頭でっかちの塾にしてはいけない。尾崎の信念・情熱の火が、塾生一人一人の心のどこかで、小さくてもいいから燃え続けることが大切。それぞれが持っている『世のため、人のため』という思いに、改めて〝点火〟する。咢堂塾にはそんな役割がある」

軽井沢に帰宅する相馬さんと一緒に、東京駅で新幹線を待っている間、何度も何度も確認し合ってきました。

咢堂塾には、党派を超えて、さまざまな主義主張を持った人たちが全国から集まります。そして講義を聴いて、塾生同士が議論する中で、互いに異なる意見、違った角度からの見方に触れます。そこで、もう一度、「何が正しいか」を考え抜き、少しずつ、ゆっくりと信念を固めていく。

もちろん、知識は大切です。咢堂塾では、多くの知識・情報に触れることができます。より大切なのは、その知識を、何のために、どう生かすか、どのように行動し、実践（じっせん）していくか——そのための心を磨（みが）くことです。

私は、尾崎行雄の言説、主義主張が、すべて正しいとも、すべて現代にあてはまるとも思っていません。むしろ大いに批判されたほうがいい。批判的検討を重ねていく中で、一つでも今の政治あるいは私たちの行動に役立つものが見つかれば、それを大いに活かせばいいと考えています。

ただ、少なくとも、尾崎の生き方――私利私欲に走らず「世のため、人のため」という思いで行動する、そして現実を見すえ、「何が正しいか」を考え抜く姿勢は、今を生きる私たちに求められているものだと思います。

（了）

尾崎行雄・略年譜　1858年～1954年

1858年（安政5年）0歳

12月（安政5年11月）相模国（神奈川県）津久井群又野村に生まれる。父は行正、母は貞子。長男。幼名は彦太郎、後に行雄と改める。

1868年（明治元年）9～10歳

父行正が新政府に仕官したのに伴い、母に連れられ上京。駿河台の安岡邸に起居し、安岡良亮に七書等の講義を受ける。父行正に従って番町に転居し、国学者・平田篤胤の子の鉄胤が開いた平田塾で古典を学ぶ。

1871年（明治4年）12～13歳

父行正が安岡の高崎県（群馬県）転任に従ったため、伴われて高崎に移り、初めて学校に入り英語を学ぶ。

１８７２年（明治５年）13～14歳

安岡大参事（現在の知事）の転任とともに父行正も度会県に移り、伴われて同県山田（三重県伊勢市）に移る。宮崎文庫英学校に入学。

１８７４年（明治７年）15～16歳

1月、板垣退助、後藤象二郎らが「民撰議院設立建白書」を提出。4月、尾崎は弟行隆を伴い上京、慶應義塾に入学。

１８７６年（明治９年）17～18歳

慶應義塾を退学。工学寮（後の工部大学）に入学。当時の帝都四大新聞の一つ曙新聞に、尾崎の投書した「討薩論」が掲載され、大きな反響を呼ぶ。

１８７７年（明治10年）18～19歳

工学寮を去る。「民間雑誌」の復刊・編集に従事する。著書（訳書）『公会演説法』『権理提綱』。

１８７９年（明治12年）20～21歳

福沢諭吉の推薦で、新潟新聞の主筆となる。前年結婚した繁子夫人を伴い新潟へ。新潟県会の開設にも尽力する。著書（訳書）『続公会演説法』『米州連邦治安策』。

１８８０年（明治13年）21～22歳

新潟新聞に「尚武論」を連載し好評を博す。同年、「尚武論」は尾崎の初めての著作として出版される。著書『尚武論』。

１８８１年（明治14年）22～23歳

矢野文雄に招かれて新潟新聞を去り、統計院権少書記官となる（統計院総裁は大隈重信）。「明治十四年の政変」で大隈の免官に伴い退官。

１８８２年（明治15年）23～24歳

郵便報知新聞に入る。大隈重信を総裁とする「立憲改進党」の結成に、犬養毅らと共に携わる。雄弁家として名を馳せ各地を遊説。この頃より「学堂」と号する。

１８８５年（明治18年）26～27歳

東京日本橋区より推されて東京府会議員となる（最年少）。朝野新聞に移る。

１８８７年（明治20年）28～29歳

10月、後藤象二郎に呼びかけ、党派を超えて大同団結、後藤を盟主に「丁亥倶楽部」を結成し、藩閥政治反対運動を展開。12月、尾崎は保安条例により東京退去を命じられる。号を「学堂」から「愕堂」に改める。

１８８８年（明治21年）29～30歳

1月、外遊の途につく（米国、英国）。議会制度や他国の文化を見聞。

１８８９年（明治22年）30～31歳

2月、大日本帝国憲法発布。恩赦により東京退去命令が解かれた尾崎は12月に帰国。

１８９０年（明治23年）31～32歳

第１回総選挙実施。尾崎は三重県から立候補し圧倒的多数で当選（以後25回連続当選は議会史上に残る記録）。

１８９２年（明治25年）33〜34歳
第２回総選挙実施。歴史に残る「選挙大干渉」となる。尾崎も中傷・妨害を受けたが、苦闘の末、当選。
１８９４年（明治27年）35〜36歳
８月、日清戦争始まる。
１８９５年（明治28年）36〜37歳
政府の三国干渉屈服に反対し、伊藤内閣攻撃の急先鋒となる。
１８９６年（明治29年）37〜38歳
３月、大隈重信を党首とし、進歩党を結成。９月、松隈内閣（松方正義首相、大隈重信外務大臣）の外務参事官となる。
１８９８年（明治31年）39〜40歳
６月、隈板内閣（大隈重信首相、板垣退助内務大臣）に、尾崎は文部大臣として入閣。８月「共和演説事件」が起こり、10月、文部大臣を辞職。

1900年（明治33年）41〜42歳
9月、伊藤博文を総裁とする立憲政友会の創立に参加し、結成とともに同党総務委員となる。
1903年（明治36年）44〜45歳
5月、伊藤総裁の政府との妥協に憤慨し同志と共に政友会を脱党、同志研究会を組織。6月、第2代目東京市長に就任。
1904年（明治37年）45〜46歳
2月、日露戦争始まる。外債を募集し東京市区改正を実施、また上水道拡張、下水道工事、道路改良、街路樹植栽など市のインフラ改善に努力する。9月、繁子夫人死去。
1905年（明治38年）46〜47歳
英国育ちのテオドラ（日本名・英子）と再婚。
1906年（明治39年）47〜48歳
多摩川水源林調査に着手する（1908年、東京市の水源林を買収・確保する）。

1909年（明治42年）50～51歳
米国大統領タフト氏夫人が、日本の桜を米国の首府ワシントンのポトマック河畔に植えたいと希望していることを知り、尾崎は東京市から2千本の苗木を米国に送るが、苗木は、その後の検査で害虫が発見されすべて焼却される。

1912年（明治45年・大正元年）53～54歳
再び、東京市から桜の苗木3千本を米国に送る（苗木は無事育ち、現在もポトマック河畔の春を彩っている）。6月、東京市長を辞職。12月、憲政擁護運動を起こし、犬養毅と共に陣頭に立つ。この頃から尾崎と犬養は「憲政二柱の神」と呼ばれる。号を「愕堂」から「咢堂」に改める。

1913年（大正2年）54～55歳
憲政擁護・閥族打破の運動に奔走する。2月5日、桂首相弾劾演説（議会史に残る名演説として伝えられる）を行う。2月11日、桂内閣総辞職。

1914年（大正3年）55～56歳
2月、シーメンス事件（日本海軍高官の収賄事件）を追及。山本内閣弾劾演説を行い、3月、山本内閣を総辞職に追い込む。その後成立した大隈内閣で司法大臣に就任。7月、第1次世界大戦始まる。
1915年（大正4年）56～57歳
1月、対華二十一ヵ条要求。尾崎はこれに個人的には反対であったが内閣の一員として承認。それを「生涯の大失敗」と深く反省し、以後二度と内閣に入らないことを宣言する。
1916年（大正5年）57～58歳
10月、大隈内閣総辞職。憲政会結成。寺内内閣に対し討閥運動を展開し活躍する。
1918年（大正7年）59～60歳
9月、原内閣成立。11月、第1次世界大戦終わる。
1919年（大正8年）60～61歳
3月、第1次世界大戦後の欧米視察の旅に出る（12月帰国）。以後、「戦争は勝っても負けても悲惨な状況をもたらす」として平和主義・国際主義による世界改造の必要を説く。著書『世界の改造と日本の将来』。

1920年（大正9年）61〜62歳
普通選挙運動の先頭に立つ。著書『憲政の危機』。
1921年（大正10年）62〜63歳
軍備制限論を掲げ、軍縮を説き全国を遊説。著書『軍備制限論』。
1924年（大正13年）65〜66歳
第2次護憲運動の先頭に立ち、東京・大阪で演説。
1925年（大正14年）66〜67歳
5月、衆議院議員選挙改正法公布（男子普通選挙実現）。著書『政治読本』『普選の準備』。
1928年（昭和3年）69〜70歳
4月、三大国難決議案提案理由を説明する。

１９２９年（昭和４年）70～71歳
１月、三大国難決議案の不履行を責めるとともに、不戦条約について、字句の不当を修正し速やかに批准せよと政府に迫る。著書『咢堂漫談』『軍備制限』。

１９３１年（昭和６年）72～73歳
８月、カーネギー財団に招かれ渡米、12月に英国に渡る。米国滞在中（９月）、満州事変勃発。

１９３２年（昭和７年）73～74歳
２月、ロンドン滞在中衆議院議員に当選。12月、ロンドンでテオドラ夫人死去。ロンドン滞在中（５月）、盟友・犬養毅首相が暗殺される（五・一五事件）。

１９３３年（昭和８年）74～75歳
２月、テオドラ夫人の遺骨を携え帰国。３月、日本は国際連盟を脱退。著書『墓標に代えて』。

１９３５年（昭和10年）76～77歳
３月、憲法発布50周年に表彰され登壇、謝辞の代わりに厳しく議員を戒める。著書『人生の本舞台』『処世記』。

１９３６年（昭和11年）77〜78歳
２月、内大臣斎藤実、蔵相高橋是清ら殺害される（二・二六事件）。
１９３７年（昭和12年）78〜79歳
２月、議会で辞世の句を懐に決死の軍部攻撃演説を行う。７月、日中戦争始まる。著書『咢堂自伝』『日本はどうなるか』『日本の進むべき道』。
１９３９（昭和14年）80〜81歳
９月、第２次世界大戦始まる。著書『咢堂放談』。
１９４０年（昭和15年）81〜82歳
９月、日独伊三国同盟調印。10月、大政翼賛会発足。
１９４１年（昭和16年）82〜83歳
２月、大政翼賛会と日独伊三国同盟に反対する質問書を提出し、決死の覚悟で登壇しようとしたが阻止される。10月、東条内閣成立。12月、対米英宣戦布告。

1942年（昭和17年）83～84歳
4月、翼賛選挙に反対し東条首相に公開質問状を送る。また選挙中、田川大吉郎候補への応援演説がもととなって不敬罪で起訴され巣鴨拘置所に入れられる（1944年、大審院で無罪判決）。
1945年（昭和20年）86～87歳
8月15日、終戦。9月、講和会議に臨む日本の態度について島田議長を通じて政府に提言。12月、全世界の協調と世界平和の実現を願い、「世界連邦建設に関する決議案」を議会に提出。
1946年（昭和21年）87～88歳
4月、立候補を辞退していたが、咢堂会の推薦で立候補を届け出て最高点で当選。5月、議長選挙採決前に登壇し「議会は今日から出直せ」と叫び、8月、「立法府の権威を高めよ」という趣旨の演説を行う。著書『国民政治読本』『敗戦の反省』『随想録』。
1947年（昭和22年）88～89歳
5月、日本国憲法施行。6月「平和会議に関する決議案」を提出したが上程を阻止される。著書『民主政治読本』『咢堂清談』『明日の日本のために』。

1948年（昭和23年）89〜90歳
世界連邦建設同盟が結成され、尾崎が初代会長に就任。著書『人生を語る、客と語る』。
1950年（昭和25年）91〜92歳
5月、前駐日米国大使ジョセフ・グルー、ウィリアム・キャッスル等の主宰する「日本問題審議会」の招待により渡米、米上院で院議をもって歓迎される（6月帰国）。
1951年（昭和26年）92〜93歳
9月、対日平和条約ならびに日米安全保障条約に調印。著書『わが遺言』。
1952年（昭和27年）93〜94歳
2月、衆議院より憲政功労者として表彰される。10月、病床より立候補し当選（第一回より連続25回当選）。著書『民権闘争七十年（上・下）』。
1953年（昭和28年）94〜95歳
4月、第26回総選挙において初めて落選。7月、衆議院名誉議員、10月、東京都名誉都民（第1号）となる。

1954年（昭和29年）95歳
10月、「憲政の父」「議会政治の父」と仰がれつつ永眠（享年95歳）。

※略年譜は『尾崎咢堂全集』（1962年、尾崎咢堂全集刊行会）第12巻所収「咢堂年譜」を基に筆者が作成したものです。なお、年譜記載の年齢は満年齢としました。

【著者略歴】

石田尊昭（いしだ・たかあき）
一般財団法人　尾崎行雄記念財団理事・事務局長

１９７１年、広島県生まれ。日本大学大学院国際関係研究科修士課程修了後、尾崎行雄記念財団に勤務。そこで尾崎行雄三女の相馬雪香（そうま・ゆきか／国際ＮＧＯ「難民を助ける会」創設者／１９１２―２００８）と出会う。１９９８年、相馬氏と共にリーダー養成塾「咢堂塾」を設立。これまでに延べ５４０名が卒塾し、地方議会議員53名、首長２名、国会議員３名を輩出（２０１６年現在）。

相馬氏が逝去した翌年、『平和活動家・相馬雪香さんの50の言葉』を上梓。以後、尾崎行雄と相馬雪香に関する本を精力的に執筆。現在は、「尾崎行雄と相馬雪香」「政治とリーダーシップ」「政治とメディア」をテーマに、ＮＰＯ・大学・自治体・企業などで講演。また、中高生を対象に「政治・選挙の基礎講座」を行うこともある。

尾崎行雄の人生訓―「人生の本舞台は常に将来に在り」と、尾崎・相馬に共通する批判的精神―「誰が正しいかではなく、何が正しいか」をモットーに活動。尾崎財団以外にも、途上国・被災地支援、国際交流、人材育成に取り組むＮＰＯの運営、また、世界の貧困・紛争問題など「声なき声」を伝える国際メディアネットワークの日本法人（ＮＰＯ）の運営に携わっている。

主な著書に、『人生の本舞台 復刻版』（解説・編集、２０１４年）、『民主政治読本 復刻版』（解説・編集、２０１３年）、『心の力』（２０１１年）、『咢堂言行録―尾崎行雄の理念と言葉』（２０１０年）、『平和活動家・相馬雪香さんの50の言葉』（２００９年）（以上、世論時報社）、『尾崎行雄・咢堂塾政治特別講座講義録』（２０１３年、内外出版）、『咢堂 尾崎行雄』（年譜編纂、２０００年、慶應義塾大学出版会）がある。

18歳からの投票心得10カ条

平成28年6月1日　初版第1刷発行

著　者　石田尊昭
発行者　馬場英治
発行所　株式会社世論時報社
東京都世田谷区桜新町2−25−15
電　話　03-6413-6989（編集・販売）
FAX　03-6413-6799
e-mail : seron2009@seronjihou.co.jp
印　刷　株式会社世論時報社
製　本　田中製本印刷株式会社